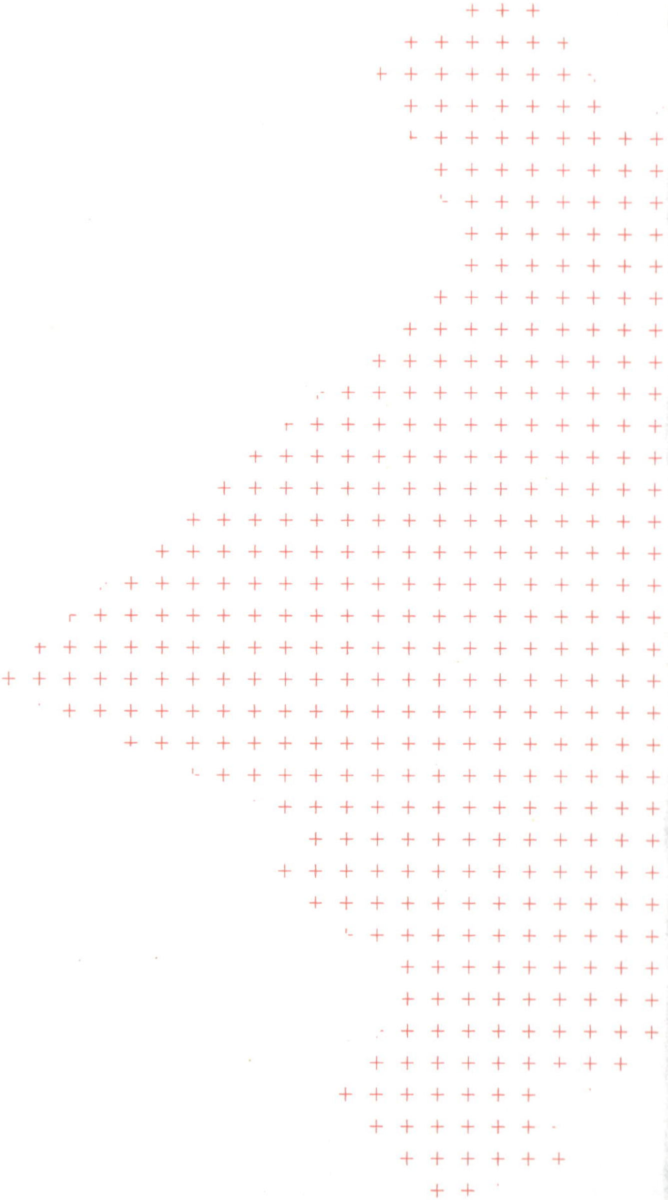

POPSU

L'HABITABILITÉ MÉTROPOLITAINE EN QUESTION

RECOMPOSITIONS RÉSIDENTIELLES ET ARTICULATIONS DES ACTIVITÉS AGRICOLES EN TERRITOIRE TOULOUSAIN

DIRIGÉ PAR
FABRICE ESCAFFRE

autrement

Sommaire

Modes d'habiter et espaces agricoles en recomposition

++++

Le contexte créé par la pandémie de Covid-19 interroge la possibilité, les formes et les effets d'un exode urbain[1] dont les flux partiraient principalement des grandes agglomérations françaises au sein desquelles habiter serait devenu trop difficile. S'il faut continuer à étudier cette situation pour mieux quantifier et qualifier de tels flux, la crise sanitaire relance le débat sur l'habitabilité[2] des métropoles.

Ce sujet renvoie aux questions d'accès au logement et à l'offre urbaine, à celles du rapport aux mobilités et plus largement à celles liées à la qualité de vie, particulièrement en termes de justice spatiale. L'habitabilité métropolitaine n'est pas sans lien avec les préoccupations environnementales. Moindre place des espaces végétalisés, îlots de chaleur, exposition aux pollutions… Autant de thèmes aujourd'hui majeurs, avec d'importantes inégalités sociales. Enfin, ce débat interroge l'ancrage dans des territoires métropolitains où les flux quotidiens et résidentiels sont particulièrement élevés.

L'habitabilité métropolitaine se construit à partir d'un écheveau d'interrelations aux lieux et aux autres dans des milieux aux caractéristiques diverses et dans des territoires dont les contours sont plus flous que ne le laisse penser la définition dominante des métropoles dans sa double dimension économique et politique. L'étudier invite à faire «atterrir[3]» les métropoles dans leur environnement sans occulter ce qu'elles doivent à des flux de matières, d'informations et d'individus de moyenne et de longue portée[4]. Cela nécessite par ailleurs de considérer combien le territoire métropolitain se fabrique non seulement à partir de politiques publiques à l'agenda, mais aussi à travers les pratiques des habitants et des usagers. Cette fabrique, fonctionnant largement à côté de la fabrique urbaine institutionnelle, peut être considérée comme plus transversale que celle-ci parce qu'appuyée sur un quotidien impliquant de multiples articulations d'échelles spatiales et temporelles mais aussi de registres (résidentiel, professionnel, ludique, alimentaire, etc.), de lieux, de paysages, etc.

Interroger l'habitabilité métropolitaine conduit à analyser les principales composantes constitutives des modes d'habiter liées au logement, à la mobilité, au travail, aux loisirs, ainsi que les caractéristiques des espaces naturels et agricoles. Étudier leurs recompositions récentes et questionner leurs relations avec l'action publique au sein du processus de métropolisation

Interroger l'habitabilité métropolitaine conduit à analyser les principales composantes constitutives des modes d'habiter liées au logement, à la mobilité, au travail, ainsi que les caractéristiques des espaces naturels et agricoles.

implique de les saisir dans une diversité de lieux eux-mêmes constitutifs de territoires variés, accordant ainsi une attention à l'échelle locale, en ne se limitant pas au périmètre métropolitain institutionnel. C'est ce que nous allons faire à partir du territoire métropolitain toulousain.

	Toulouse	Toulouse Métropole	Aire d'attraction de Toulouse
Nombre de communes	1	37	527
Nombre d'habitants	493 465	783 353	1 433 656
Superficie en km²	118	458	6 520
Densité (hab/km²)	4 171	1 710	220
Hectares d'espaces naturels, agricoles et forestiers consommés sur cinq ans	100	619	2 895
Variation de la population 2008-2019	+12 %	+14 %	+16 %
Taux de pauvreté	20 %	16 %	13 %
Âge moyen	36	37,6	38,8
Taux d'habitants de moins de 30 ans	46,8 %	42,5 %	38,8 %
Taux de propriétaires	32,4 %	41,5 %	52,9 %
Évolution du nombre d'emplois 2008-2019	+13,9 %	+16,4 %	+16 %

FIGURE 1

CHIFFRES-CLÉS DE TOULOUSE, TOULOUSE MÉTROPOLE ET L'AIRE D'ATTRACTION DE TOULOUSE EN 2019

++++

TOULOUSE MÉTROPOLE ET LE TERRITOIRE MÉTROPOLITAIN TOULOUSAIN

La structuration politique au sein du territoire métropolitain a opéré progressivement un renforcement du niveau intercommunal avec la création en 2009 d'une communauté urbaine, puis sa transformation en 2015, du fait de la loi Maptam, en métropole. Toulouse Métropole compte ainsi 37 communes et rassemble 783 353 habitants (chiffres de 2018), dont 493 465 pour la seule commune de Toulouse. Le territoire métropolitain reste néanmoins pluriel, Toulouse Métropole composant au sein même du pôle urbain, avec deux communautés d'agglomération, celle du Muretain et celle du Sicoval. À la différence de l'exemple lyonnais, le conseil départemental de la Haute-Garonne a conservé l'essentiel de ses attributions sur l'ensemble de son territoire. À une autre échelle, Toulouse a été choisie comme préfecture de la nouvelle région Occitanie.

++++

L'observation s'est concentrée sur deux transects[5], dans l'Ouest et le Nord toulousains, pour y développer une analyse multisituée attentive à la diversité des milieux et des paysages, mais aussi aux éléments structurants de leur organisation spatiale et à leurs importantes évolutions au cours de ces dernières décennies. En assurant une certaine unité de lieux, ces deux transects permettent de saisir les modes d'habiter dans les différentes parties du territoire métropolitain et dans son altérité territoriale proche. On questionnera aussi leur habitabilité en étant attentif à leurs articulations, tant spatiales par l'aménagement des lieux que temporelles par les mobilités quotidiennes ou résidentielles.

Une première partie de ce cahier considère les transects étudiés à partir du modèle de la métropole attractive, des transformations et des tensions qui accompagnent ses modes d'habiter. Elle met en perspective des pans structurants de l'action publique en matière de logement et de mobilité. Cette réflexion s'accompagne d'un focus sur ce que le télétravail y a récemment modifié. Une analyse des lieux d'ancrage est ensuite menée à travers les choix résidentiels qui s'opèrent, mais aussi les rapports à l'environnement urbain, aux espaces publics et de nature, pour mettre en évidence des pratiques habitantes cherchant à accroître, à partir d'une échelle locale, l'habitabilité métropolitaine.

++++

LES TRANSECTS NORD ET OUEST TOULOUSAINS

Le transect ouest correspond à l'axe en direction d'Auch, qui sera analysé sur son tronçon jusqu'à L'Isle-Jourdain. Le long de cet axe ouest, les communes de Pibrac et Brax (appartenant à Toulouse Métropole) et leurs alentours seront étudiés. Celle de L'Isle-Jourdain (n'appartenant pas à Toulouse Métropole) sera, elle aussi avec ses voisines immédiates, observée.

Au nord, sur l'axe en direction de Montauban, l'attention se focalisera sur la partie allant jusqu'à Fronton. Les secteurs autour de la commune de Saint-Jory (partie intégrante de Toulouse Métropole) et de Fronton (qui n'y est pas intégrée) constitueront les points à partir desquels l'analyse sera approfondie.

Dans les deux cas, les parties centrales des transects, situées dans la ville de Toulouse et ses communes limitrophes, ont connu ces dernières années un fort développement résidentiel. De plus, en se situant à mi-chemin entre Toulouse et deux des villes moyennes (Auch et Montauban) de son système urbain local (Datar, 2012), ces deux périmètres permettent d'intégrer des dimensions interterritoriales à l'analyse.

++++

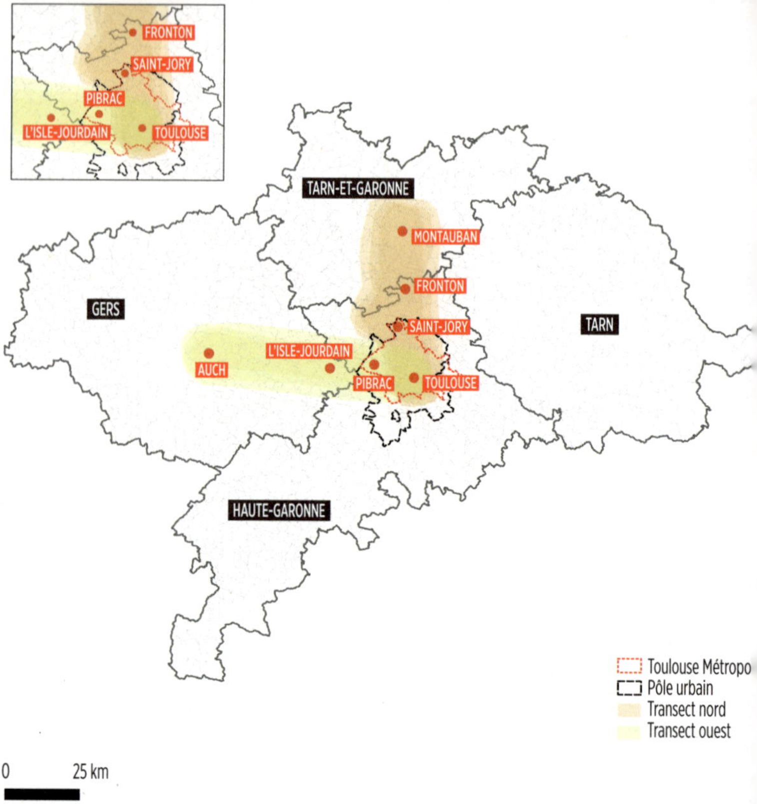

FIGURE 2

CARTE DES TRANSECTS NORD ET OUEST TOULOUSAINS

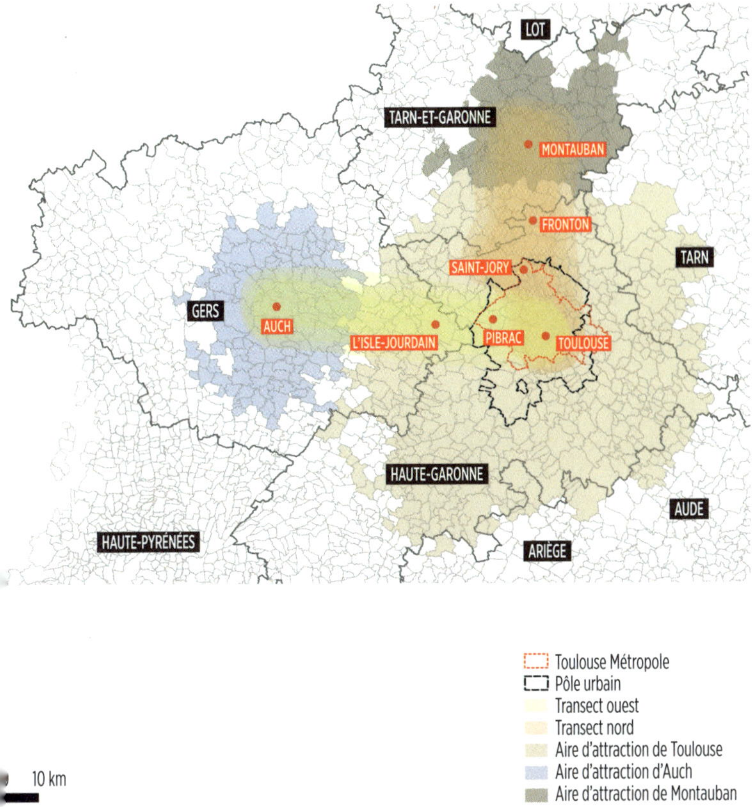

FIGURE 3

CARTE DES AIRES D'ATTRACTION LIÉES AUX TRANSECTS

Cette analyse invite à associer à la question de l'habitabilité la prise en compte des rapports aux lieux et au territoire métropolitain, au-delà du registre fonctionnel vers celui du sensible, voire du sens.

Compte tenu de l'importance accordée aux espaces ouverts, de nature et agricoles dans les récits d'habitants recueillis, et de leur place, en termes de superficie, dans l'espace métropolitain toulousain, la seconde partie revient sur leurs caractéristiques, leurs usages et les dispositifs de l'action publique dont ils sont l'objet pour montrer, outre leur diversité paysagère, les tensions comme les articulations accompagnant leurs multiples rôles. Ainsi, si la quête de sens se joue localement dans les rapports aux paysages, les usages ludiques de ces lieux ou encore la recherche d'une alimentation locale les concernent aussi directement avec, en particulier, une reconsidération des espaces agricoles dont l'analyse est privilégiée.

Texte rédigé par **Fabrice Escaffre**

---

1 Hélène Milet, Aurore Meyfroidt et Eva Simon, « Exode urbain ? Petits flux, grands effets : les mobilités résidentielles à l'ère (post-)Covid », POPSU Territoires, 2022.

2 « Nous dirons alors qu'un lieu habitable est un lieu qui offre des possibilités suffisantes de création et d'adaptation aux individus pour se l'approprier ; aussi délicat d'interprétation et de compréhension qu'un tel processus soit, l'appropriation d'un lieu repose sur la connaissance fine des conditions de vie offertes à cet endroit. [...] L'habitabilité peut être définie par une somme de composantes physiques, naturelles, matérielles qui concourent à dessiner la "qualité de vie", mais aussi de composantes esthétiques, symboliques et signifiantes. Elle doit : prendre en considération les données objectives concernant le territoire (matérialité urbaine) ; énoncer les termes d'une appréhension ordinaire entre représentations et pratiques des individus. » Muriel Delabarre et Solène Marry, « Habitabilité et nature urbaines : vers un outil d'évaluation des projets urbains », *Vertigo - La revue électronique en sciences de l'environnement*, vol. 12 n° 2, 2012.

3 Comme le notait Marie-Christine Jaillet au séminaire POPSU Métropoles d'Arc-et-Senans, en 2021, en citant Bruno Latour.

4 Sabine Barles et Marc Dumont, *Métabolisme et métropole : la métropole lilloise, entre mondialisation et interterritorialité*, Paris, Éditions Autrement, « Les cahiers POPSU », 2021.

5 Le choix de ce dispositif a notamment été inspiré par les travaux de Nicolas Tixier https://gdsentiers.hypotheses.org/515.

Habiter la métropole entre croissance, tensions et réinvention du local

++++

Les débats autour de l'habitabilité des territoires métropolitains ont été très denses ces dernières années, la métropolisation générant des formes de développement autant que des mises en tension. Celles-ci influent sur les cadres et les conditions de vie. Par exemple, l'accès à un logement – qu'on cherche à le louer ou à l'acheter – y est plus difficile et sélectif qu'ailleurs. Cela explique en partie le développement de l'habitat périurbain, mais se traduit aussi, pour chercher à y réduire la tension sur les marchés immobiliers, par la multiplication de nouveaux quartiers plus denses au gré d'opportunités foncières dans les parties centrales ou les banlieues proches.

À côté du logement, les déplacements y sont aussi fréquemment considérés comme problématiques. S'opérant principalement en voiture dans les parties les moins denses, ils appellent partout d'importants investissements en infrastructures et des changements dans les pratiques de mobilité. Leur coût temporel et financier est élevé, et leurs impacts environnementaux multiples.

Enfin, l'habitabilité pâtit aussi des impacts sur l'environnement liés à la métropolisation, tels que l'artificialisation des sols, dont les effets en situation de changement climatique sont accrus. Ainsi, alors même que les emplois y sont nombreux, les conditions de vie dans les territoires métropolitains ne se réduisent pas à la valorisation que le modèle de la métropole attractive donne à voir. Elles sont diversifiées et, pour certaines parties de la population, critiques ou a minima fragiles. Ce tableau ne rend cependant pas compte de la diversité des situations observables, d'abord parce que les territoires métropolitains sont divers, et ensuite parce que leurs habitants n'y vivent pas tous ni ne les considèrent de la même manière. Pour autant, l'exemple des transects toulousains étudiés permet de dégager plusieurs lignes de force de ces vécus métropolitains entre croissance, tensions et réinvention.

Face aux tensions métropolitaines, la réémergence d'un ancrage local métropolisé[6]

En termes de croissance, la trajectoire métropolitaine de Toulouse s'est affirmée au cours des vingt dernières années[7]. Cela s'explique par la présence d'attributs anciens, favorables et toujours structurants, tels que le secteur de l'enseignement supérieur, les industries aéronautiques, aérospatiales ou des biotechnologies, ou encore les institutions associées aux statuts de préfecture départementale et régionale. Cela découle aussi de dynamiques plus récentes parmi lesquelles on peut citer le renouvellement urbain conduit dans de grandes opérations d'urbanisme ou à partir des lignes de métro, tramway, bus en site propre, téléphérique ou, sur un autre plan, la plasticité du système d'acteurs local de la recherche-développement, par exemple dans le domaine de l'informatique[8]. L'affirmation de la trajectoire métropolitaine de Toulouse a été caractérisée par une attractivité soutenue et régulière se mesurant en termes de croissance des emplois et de la population[9]. Elle s'inscrit et pour partie se confond avec un puissant processus d'étalement urbain[10]. L'aire d'attraction de Toulouse comptait ainsi 527 communes (pour 1 433 656 habitants) en 2019. Au fur et à mesure de son expansion récente, elle s'est aussi recomposée. Les communes limitrophes de Toulouse se sont densifiées et constituent un espace toujours plus intégré. Les couronnes périurbaines ont aussi évolué, en lien avec l'amélioration du niveau d'équipement et l'affirmation de centralités secondaires[11]. Le choix d'une planification articulant un Schéma de cohérence territoriale (SCoT) central et trois SCoT périphériques a accompagné ces recompositions en essayant de les structurer.

Ambivalence de l'attractivité métropolitaine

À titre d'exemple, le transect ouest étudié comporte une part importante des entreprises, et donc des employés, du secteur aéronautique. La métropolisation y a généré d'importants développements périurbains, mais aussi l'aménagement par étapes d'une quasi « ville nouvelle », Colomiers. Avec ses nombreux équipements, ses dessertes diversifiées en transport en commun, ses tissus résidentiels composites (cités HLM, pavillonnaires, mais aussi des quartiers récents à l'instar de la ZAC des Ramassiers), elle fait aujourd'hui office de ville moyenne (40 529 habitants). On retrouve aussi le long de ce transect, profitant de la desserte routière et ferroviaire, des territoires ruraux et plusieurs bourgs – dont le plus important, L'Isle-Jourdain (9 000 habitants), est en croissance et joue un rôle polarisateur renforcé ces dernières décennies.

Si cette trajectoire métropolitaine a, par plusieurs aspects, renforcé le territoire bien au-delà de Toulouse Métropole, on peut considérer qu'elle l'a aussi fragilisé[12]. En tant qu'espace urbain particulièrement

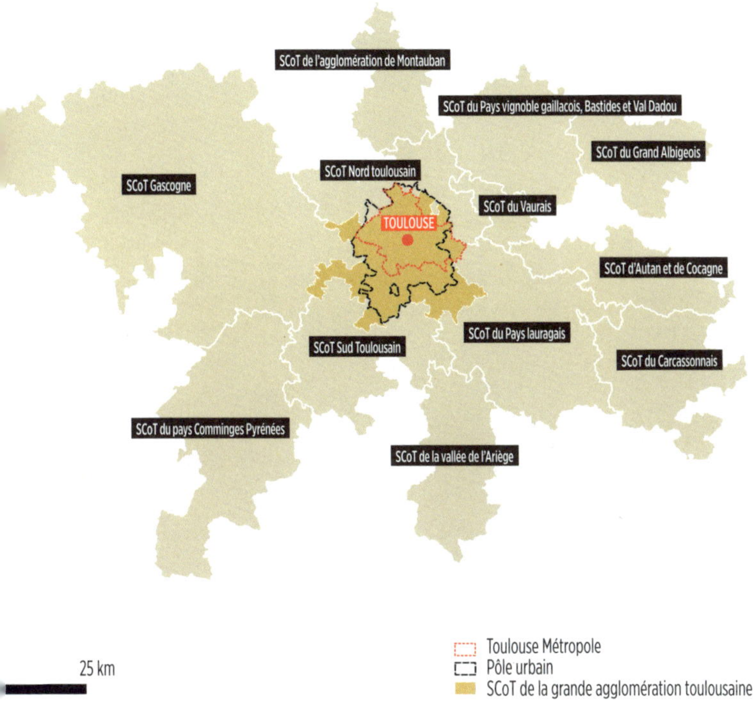

FIGURE 4

LE SCoT DE LA GRANDE AGGLOMÉRATION TOULOUSAINE AU CENTRE D'UN SYSTÈME DE SCoT PÉRIPHÉRIQUES

FIGURE 5
ZAC DES RAMASSIERS, COLOMIERS

étalé, le territoire métropolitain connaît ainsi des difficultés à limiter l'artificialisation des sols ou l'encombrement du trafic automobile; son offre ferroviaire reste en cours d'amélioration, etc. Comme territoire attractif, la métropole toulousaine doit, en particulier, répondre à deux enjeux: celui des besoins importants de logements[13] et celui des risques de fragmentation de certains quartiers toulousains, ou columérins, marqués par des formes de «relégation[14]». Peut-elle le faire dans un temps court tout en garantissant, partout et pour tous, une bonne habitabilité[15]?

Ces éléments ambivalents, entre développement et fragilisation, se vérifient, bien que différemment, dans l'autre transect étudié dans le Nord toulousain où il n'existe pas de commune équivalente à Colomiers et où l'activité économique est davantage orientée vers des secteurs tels que la logistique. Dans les quartiers nord de la ville de Toulouse ou dans les communes proches, l'urbanisation ne s'opère plus seulement selon le modèle pavillonnaire antérieurement dominant. Des formes résidentielles plus denses avec de l'habitat mitoyen ou des petits collectifs sont apparues, en particulier des résidences fermées en grand nombre. Maîtrisées dans les ZAC mais plus diversifiées en secteur diffus, ces transformations induisent des bouleversements paysagers rapides dans des secteurs où l'habitat collectif était assez largement limité à quelques cités HLM, comme dans le quartier des Izards au nord de Toulouse. Les centres des bourgs et les villages y ont fait récemment l'objet d'une plus grande attention parce que leurs fonctions commerciales, résidentielles, ou plus généralement, leur animation ont été globalement redynamisées tout en restant concurrencées par l'offre d'une grande zone commerciale de l'agglomération, située à Fenouillet. Ces évolutions des communes autour de Toulouse sont plus ou moins articulées avec celles que connaissent les espaces périurbains, voire périmétropolitains nord jusque dans la périphérie immédiate de Montauban. Les secteurs entre Fronton et Grenade-sur-Garonne ont ainsi grandement évolué, d'abord selon un modèle périurbain classique mêlant zones pavillonnaires et zones d'activités, puis de manière plus diversifiée avec par exemple des formes d'habitat plus denses et un regain d'attention pour les centres-villes.

Ces dimensions ambivalentes provoquent localement de nombreux débats qui prolongent des controverses générales entre, pourrait-on dire, les tenants de l'attractivité métropolitaine, de ses réalités et de ses mythes, et ceux qui pointent la face plus sombre de la métropolisation. Ces débats se déploient sur différentes scènes locales, certaines pérennes à partir des travaux de long terme menés dans le cadre du conseil de développement de Toulouse Métropole, d'autres plus ponctuelles, comme le grand débat public autour de la troisième ligne de métro, ou les controverses autour du plan de déplacement urbain (PDU) et du plan local d'urbanisme intercommunal - habitat

(PLUI-H) adoptés puis annulés, ou celles sur d'autres grands projets. Ils sont aussi présents dans les exercices de planification des territoires sous influence métropolitaine. À titre d'exemple, dans le transect ouest, la communauté de communes de la Gascogne toulousaine, dont la principale commune est L'Isle-Jourdain, réfléchissait en 2019 à son plan local de déplacement. Celui-ci impliquait la prise en compte des trajets pendulaires vers Toulouse, en train comme en voiture, mais aussi des flux vers L'Isle-Jourdain des secteurs ruraux de l'est du Gers, affirmant ainsi L'Isle-Jourdain comme centralité secondaire à l'échelle métropolitaine. Dans tous ces débats, la trajectoire métropolitaine de Toulouse, et plus largement la confirmation des dynamiques de la métropolisation, interrogent. Les seuils aujourd'hui atteints ne questionnent-ils pas les registres de ce développement dans l'intensité de ses flux, dans les formes prises par le logement, dans l'occupation des sols et la maîtrise foncière, dans son habitabilité ?

Différentes façons de vivre

Dans ce contexte, nous avons cherché à éclairer les modes d'habiter dans les deux transects étudiés à partir d'entretiens privilégiant les récits d'habitants. Si les analyses suivantes tentent de mieux cerner l'habitabilité métropolitaine par le repérage d'éventuels signaux faibles, et par la compréhension des pratiques et des représentations, elles en intègrent aussi les limites[16].

Plusieurs caractéristiques des territoires métropolitains renvoient à des tensions spécifiques, du fait par exemple des prix du logement, du temps consacré aux déplacements, ou encore de la transformation, accélérée ces dernières années, des territoires.

- « [Avec] la naissance de mon fils et le projet d'acheter, on s'est mis à la recherche d'un terrain dans le nord toulousain […] Saint-Jory et Aucamville, c'était inaccessible pour nous, et donc le prix nous a amenés jusqu'à Fronton. » (homme, 43 ans, Fronton, transect nord toulousain).
- « Ce temps passé dans la voiture, le matin, conditionne aussi mes activités du week-end et, en fait, cela génère un stress qui va au-delà du moment dans le véhicule. Parce qu'après, le week-end, j'ai plus envie d'aller dans Toulouse. » (femme, 58 ans, Brax, transect ouest toulousain).
- « C'est bien de faire du logement et des immeubles, il en faut, mais pas n'importe comment et pas en dénaturant ce qui fait la qualité et le charme de ce secteur. » (homme, 52 ans, Toulouse, transect ouest toulousain).

De telles difficultés sont directement liées, dans les différents discours, à la confirmation du caractère mobile et protéiforme de l'habiter métropolitain.

Comme le soulignent Fabrice Escaffre et Lionel Rougé : « Le modèle d'une "ville à la carte", particulièrement dépendant des mobilités automobiles, reste encore présent dans les pratiques, notamment auprès de jeunes retraités ou d'actifs périurbains, voire d'étudiants vivant dans des lieux où les alternatives à l'automobilité sont encore jugées insuffisantes.

Pour autant, les modes d'habiter décrits signalent plusieurs inflexions. Ils semblent renvoyer à la réémergence de la figure d'un "local" qui s'exprime autour d'une repolarisation fonctionnelle et relationnelle sur l'espace à proximité du domicile dans laquelle pointe aussi l'idée du "village", du "quartier", de la "petite ville" ou de la "ville moyenne", indépendamment des périmètres politiques et administratifs leur correspondant. Cette réémergence s'opère largement à partir de pratiques de mobilité en raison des transformations en cours dans les rapports à l'emploi du fait de la réorganisation du travail, en particulier du télétravail (voir p. 34), ou parce qu'une partie notable des habitants, à l'instar des retraités ou des plus jeunes, ne s'y réfère pas ou plus, ou privilégie les déplacements autres que les navettes domicile-travail. Cette repolarisation est ainsi fortement exprimée à propos des temps et des lieux de loisirs, par exemple, et s'appuie sur le développement des mobilités actives[17]. En contrepoint, l'échelle métropolitaine est, dans nombre de discours, pondérée comme horizon quotidien de vie. La ville-centre, Toulouse, ou son centre-ville disparaissent ainsi souvent du registre de la fréquentation régulière, même pour des habitants de Toulouse (sauf pour ceux qui y travaillent), et intègrent soit le champ des pratiques contraintes soit, au contraire, celui de l'usage hédonique et ponctuel. Cette dualité se retrouve aussi mentionnée à propos des principales centralités ludo-commerciales de périphérie proche. Les discours sur les contraintes sont dans les deux cas largement reliés aux questions de mobilités difficiles et coûteuses, voire à des préoccupations environnementales[18]. »

Ces contraintes fragilisent l'habitabilité des espaces métropolitains tout en témoignant des transformations à l'œuvre. Pour certains, ces dernières sont liées à des réalisations de l'action publique : l'amélioration progressive des TER a ainsi régulièrement été mentionnée par les enquêtés, bien qu'ils la jugent perfectible. Pour d'autres, les changements en matière de mobilité viennent des habitants eux-mêmes qui s'adaptent à l'existant, bricolant des solutions de mobilité pour en réduire les coûts financiers ou articulant différents modes au gré des besoins. « [...] Le train s'est bien amélioré, moi j'ai vécu des situations un peu colère ! Mais la région a mis la pression et, du coup, c'est bien desservi et c'est plus confortable. Globalement, ça se passe bien... Pour moi, c'est plutôt deux semaines-types : celle où j'ai mon fils et celle où je ne l'ai pas. Celle où je l'ai, j'essaie d'avoir des journées plus courtes pour faire en sorte qu'il ne se lève pas trop tôt et pour éviter d'aller le chercher à 18 h 30, 19 heures, donc je prends le train. Cette semaine-là, j'évite d'avoir de trop grosses journées, et c'est plus ou moins accepté par mon employeur. Les semaines où je ne l'ai pas, je fais des journées plus longues. Je termine vers 19 heures, 19 h 30, et, dans ce cas, il m'arrive plus souvent de prendre la voiture, notamment parce que je vais au sport… » (homme, 35 ans, Fronton, transect nord toulousain).

La problématique du logement

Dans le domaine du logement, l'habitabilité métropolitaine contraint les habitants à confronter leurs besoins à leurs aspirations, influençant directement leur confort résidentiel et donc leur qualité de vie. Avec des prix généralement jugés élevés par les habitants des deux transects étudiés, des arbitrages pour certains difficiles s'imposent entre la taille et le type de logement, la possibilité d'accéder à la propriété, la localisation de son chez-soi, etc. Pour des motifs et dans des conditions diverses certains optent pour l'accession, d'autres s'orientent vers les multiples formes de la location : dans l'offre sociale ou privée récemment construite (en particulier dans de grandes ZAC), dans le parc locatif « ancien », avec parfois des modes d'occupation renouvelés tel que la colocation, afin de rester dans le centre de la métropole ou d'accroître leur confort résidentiel en bénéficiant de pièces plus grandes voire d'un extérieur privé s'ils sont en maison. Parmi ces locataires, plusieurs considèrent qu'à terme ils ne pourront pas demeurer dans leur logement : son prix et plus largement le coût de la vie augmentant. Les quartiers récemment aménagés – offre locative importante et possibilité d'accession – leur apparaissent ainsi comme des opportunités résidentielles nouvelles mais également comme les marqueurs d'une ville où il n'est pas facile de continuer à habiter ni de conserver le confort résidentiel auquel ils aspirent. Ces quartiers neufs, les projets urbains auxquels ils correspondent et plus largement les constructions récentes en diffus transforment de plus les paysages. Ils signalent un territoire dont le développement est appuyé sur un processus d'urbanisation difficilement contenu qui fait craindre la remise en question des identités paysagères auxquelles les habitants sont attachés.

Des modes d'habiter parcourus par les recompositions des rapports au travail[19]

Les recompositions des relations domicile-travail pour les habitants du périurbain, et notamment la question du télétravail[20], constituaient un des sujets d'étude que nous avions retenus dès 2018. La pandémie de Covid-19 en a accru l'actualité jusqu'à en faire un des éléments porteurs d'enjeux majeurs de planification tant il comporte d'implications dans le fonctionnement des territoires. Les enquêtes réalisées ici sous la forme de questionnaires n'ont pu porter que sur un nombre de personnes limitées dans les deux transects étudiés. Nous n'en retenons donc que les éléments qui nous paraissent les plus robustes à partir de leur croisement avec les discours plus généraux sur les modes d'habiter.

Face aux contraintes
de mobilité
et en articulation
avec le logement,
le travail apparaît
comme un autre pôle
structurant en évolution
des modes d'habiter
en territoire métropolitain.

++++

UNE DÉMARCHE D'OBSERVATION DES ÉVOLUTIONS DES MODES DE VIE ET DES USAGES A L'AGENCE D'URBANISME ET D'AMÉNAGEMENT DE TOULOUSE AIRE MÉTROPOLITAINE

L'Agence d'urbanisme et d'aménagement de Toulouse Aire métropolitaine veut consolider une démarche d'observation des modes de vie et des usages à l'échelle de l'aire métropolitaine toulousaine, nommée Mod/Us[21]. Chaque année, une étude thématique est menée pour mesurer les impacts sur les territoires et les sociétés.

En 2021-2022, l'agence s'est ainsi intéressée au phénomène de « La ville à domicile », c'est-à-dire à la possibilité de réaliser davantage d'activités à partir de chez soi, notamment par le biais du numérique : faire ses courses, travailler ou encore sociabiliser au domicile à travers l'écran... Une enquête qualitative a été conduite auprès d'habitants de l'aire métropolitaine depuis des quartiers

++++

centraux ou péricentraux de Toulouse jusqu'à des communes de première et deuxième couronne, ainsi qu'à des villes petites et moyennes éloignées de la métropole. L'ensemble de ces territoires d'enquête est situé sur l'axe ouest toulousain. Au total, 36 entretiens semi-directifs ont été réalisés, avec des exercices de carte mentale à chaque fin d'entretien, et des photographies ont été systématiquement prises du domicile et des terrains d'étude. Les analyses qui ont découlé de la récolte de cette matière qualitative ont été développées dans plusieurs publications[22] de l'agence, dont une revient plus précisément sur les enjeux du travail à domicile.

Face aux contraintes de mobilité et en articulation avec le logement, le travail apparaît comme un autre pôle structurant en évolution des modes d'habiter en territoire métropolitain. S'il évolue, c'est parce que de nouvelles répartitions des lieux d'emploi ont récemment eu lieu du fait de l'installation en territoire périurbain, voire au-delà, d'activités, à l'instar de la logistique dans le Nord toulousain, ou d'entreprises, comme celles liées à l'aéronautique dans l'ouest, entre Toulouse et L'Isle-Jourdain. Mais ces évolutions découlent aussi de nouvelles manières de travailler qui se sont développées, à l'image du télétravail, en relation avec la Covid-19, mais aussi antérieurement[23].

Le travail à distance avant la pandémie

Dans les premières enquêtes réalisées, avant la pandémie de Covid-19, et principalement aux marges des transects étudiés, travailler à domicile était pour les enquêtés[24] un choix et représentait d'abord la recherche d'une meilleure qualité de vie, d'horaires de travail plus flexibles et d'un gain de temps quel que soit le lieu de résidence. Cependant, toutes les catégories professionnelles et les types d'emplois ne permettant pas le travail à distance, nombre de relations au lieu d'emploi des enquêtés étaient organisées par la présence d'un pôle d'emploi secondaire. Ainsi, au nord comme à l'ouest de la métropole toulousaine, les trajets domicile-travail s'orientaient souvent vers un pôle de périphérie proche du lieu de résidence, qui peut correspondre à des communes plus ou moins éloignées du centre métropolitain (Léguevin, Pujaudran, Bruguière, Gimont), voire aussi vers une ville moyenne (en l'occurrence Auch ou Montauban) jugée plus accessible.

Évolutions depuis 2020

À la suite du recours massif au télétravail durant la crise sanitaire, des changements peuvent être constatés. Par exemple, pour des enquêtés résidant dans des communes limitrophes de Toulouse, en particulier à l'ouest où l'on trouve beaucoup d'ingénieurs, de techniciens et de commerciaux des secteurs de l'informatique et de l'électronique, et dans une moindre mesure au nord pour les activités d'employés et de cadres et cadres supérieurs, on constate une aspiration à ne pas se déplacer. Ainsi le recours au télétravail n'est plus seulement lié à la seule distance au lieu de travail. Il s'accompagne pour environ un tiers des personnes interrogées, d'une réduction de leurs déplacements, même à l'échelle de leur proximité résidentielle, c'est-à-dire leur commune ou le secteur proche de celle-ci. Cependant, ici comme dans d'autres contextes métropolitains, un plus petit nombre de trajets ne contribue pas à moins d'autosolisme[25]. Pour une petite partie de l'échantillon (environ 15 % des interrogés), les déplacements de proximité ont à l'inverse augmenté. Au-delà des incertitudes fortes qui demeurent, ces observations montrent que se redessinent les contours d'une mobilité en lien avec la réorganisation du travail dans la proximité résidentielle, participant ainsi à une recomposition des espaces inframétropolitains. Pour de nombreux enquêtés, remédier au poids de déplacements multiples et chronophages ne se traduit pas, ou pas seulement, par un rapprochement du lieu de travail. Cela passe aussi par la recherche d'une solution de travail qui permette un accroissement de l'ancrage à la sphère résidentielle. Cette dernière se trouve confortée comme lieu d'articulation des différentes dimensions des modes d'habiter métropolitains.

Par ailleurs, certains actifs – indépendants résidant dans des espaces éloignés de la métropole ou salariés ne souhaitant pas travailler exclusivement chez eux – utilisent déjà un bureau hors de leur domicile, ou plus rarement, un tiers-lieu. La tendance montre un développement de ces tiers-lieux en tant qu'équipement urbain, ces dernières années, dans le contexte toulousain. Certains sont plus que d'autres des espaces non spécifiquement destinés au travail à distance mais envisagés plutôt comme des lieux de rencontres et d'échanges avec des connexions wifi et des aménagements variés. D'autres correspondent à des espaces de bureaux dédiés à des entreprises. Peu d'actifs interrogés ont néanmoins, pour l'instant, utilisé des tiers-lieux comme lieu de travail. Ces espaces sont surtout envisagés par les répondants comme des lieux de socialisation. La nécessité de garder un lien avec un collectif, d'être identifié dans un lieu de travail et de discuter avec des collègues ou d'élargir un réseau professionnel fait partie des éléments assez fortement soulignés comme un point négatif du travail à distance durant les confinements pour une large majorité des enquêtés.

Les déplacements domicile-lieu de travail

Moins qu'une « démobilité » simple, on pressent ici, à partir d'effectifs enquêtés et de signaux faibles, une tendance à une organisation du travail s'appuyant sur des articulations spatiales autant que temporelles pour se déconnecter des grands flux métropolitains. Ces évolutions appellent à penser l'organisation entre centre, centralités et périphéries métropolitaines en fonction du nombre de déplacements et des modes selon lesquels ils sont opérés. Ces déplacements sont aussi contrastés suivant les profils d'emploi et les territoires. Pour certains des techniciens ou des ingénieurs enquêtés, offreurs de services ou qui travaillent pour des entreprises situées dans les principaux pôles d'emploi industriels métropolitains, à l'échelle nationale ou internationale, la métropole, et surtout la ville-centre, est tantôt un espace que l'on met le plus possible à distance pour s'organiser sans contrainte dans son environnement résidentiel, tantôt un espace sur lequel on s'appuie pour aller au siège de son entreprise ou voir des collaborateurs ou des clients. La diversité des territoires métropolitains entre aussi en ligne de compte dans les relations qui se recomposent autour de la mobilité domicile-travail. En ce sens, par exemple la périphérie ouest reste en appui sur l'espace métropolitain pour construire et développer des réseaux professionnels à l'échelle locale, mais aussi nationale ou internationale, d'une part via les réseaux haut débit, d'autre part via les réseaux routiers, mais aussi l'aéroport ou les gares, points de connexion incontournables de l'espace métropolitain.

L'ancrage résidentiel comme socle d'un habiter multiscalaire

La métropolisation affecte l'organisation et le vécu des modes d'habiter. Elle interroge aussi l'habitabilité des territoires où elle se déploie à partir des aspirations et des arbitrages différents et inégaux des individus, entre opportunités et tensions. Leurs aspirations se traduisent fréquemment par la valorisation d'une échelle locale et insérée dans les multiples centralités métropolitaines. Elles se développent aussi à partir des renouvellements des relations au chez-soi, aux espaces de nature, au temps, ou encore à partir de l'affirmation de nouveaux champs de préoccupations – par exemple l'alimentation – dans une quête de sens et une attention plus grande au sensible.

Ainsi, les modes d'habiter métropolitains semblent réinventer un rapport au local, en valorisant, au-delà des seules conceptions fonctionnelles, les multiples composantes des milieux métropolitains aux échelles proches du quotidien comme plus éloignées, celles des fréquentations occasionnelles.

Ainsi, les modes d'habiter métropolitains semblent réinventer un rapport au local, en valorisant, au-delà des seules conceptions fonctionnelles, les multiples composantes des milieux métropolitains aux échelles proches du quotidien comme plus éloignées, celles des fréquentations occasionnelles.

Le local dans la vie métropolitaine

L'ancrage dans un territoire local métropolitain multiforme se construit au croisement entre des conditions favorables offertes par ce territoire, ses évolutions récentes (par exemple le renforcement des centralités de proximité ou l'amélioration progressive des systèmes de mobilités alternatifs à l'automobile) et des pratiques habitantes qui « font avec » ce territoire – ses potentialités comme ses défauts. Cette réémergence du local interroge les décalages entre ce que permet la métropole (abondance du choix sur un territoire distendu) et les manières dont les habitants s'en saisissent concrètement, en lien avec des moments, des âges, des parcours personnels. « Si je veux de la vie urbaine, je peux y aller d'un coup de voiture, et puis, surtout, il y a une vie locale que j'ai envie d'essayer, pour voir à quoi elle ressemble » (homme, 35 ans, Fronton, transect nord toulousain).

Fabrice Escaffre et Lionel Rougé constatent que « cet ancrage dans l'environnement résidentiel s'opère entre l'accélération du quotidien dont l'habiter métropolitain est souvent synonyme et la recherche de son ralentissement. La description des déplacements vers les lieux de travail ou les autres destinations régulières atteste l'importance des problèmes de transport endurés par les actifs, et pas seulement par ceux étant les plus captifs des transports en commun ou de l'usage de l'automobile. "Gagner du temps" est une quête signalée tout autant pour la vie personnelle et familiale que pour la productivité du travail. Elle se traduit par des pratiques multiples d'ajustement horaire, de jonglage multimodal, mais aussi par un souhait – réalisé pour certains des interviewés – de maximiser leurs activités quotidiennes dans et à proximité de leur sphère résidentielle. Cette quête d'optimisation n'est pas seulement justifiée par une recherche de performance, elle renvoie aussi à une attention à son bien-être et à celui de ses proches, voire – mais c'est plus rarement mentionné comme tel – à la limitation des impacts environnementaux de son mode de vie.

Avec de notables nuances sociales, ces ancrages résidentiels organisés tentent de réinventer un local rendant visible ce que nous pourrions qualifier d'« alvéoles » valorisant, outre le logement, l'accès à un bouquet de services, des supports de relations sociales plus "choisies" ou "maîtrisées" et des ambiances diverses et contrastées (de nature, de village, d'accessibilités facilitées, de centralités urbaines…). Ces "alvéoles" offrent ainsi une "respiration" et/ou un "équilibre" face à l'"accélération métropolitaine". Cette recherche, partout valorisée dans les deux transects toulousains étudiés mais inégalement maîtrisée, n'exclut pas la mobilité, en particulier celle de proximité, très souvent encore du point de vue automobile, ou parfois à partir des modes actifs, notamment lorsqu'ils peuvent s'adosser à des réseaux cyclables et aux trames vertes et bleues. C'est ainsi la question de la qualité des espaces publics dans l'environnement qui est non seulement posée mais renouvelée. C'est aussi celle des connexions à l'échelle de l'espace métropolitain, voire au-delà, pour permettre ou éviter que cet ancrage résidentiel "pour soi" ne se traduise par des fermetures subies ou souhaitées d'"entre-soi"[26]». «C'est un équilibre qui permet d'alterner les temps pour soi et les bains de foule… Ce qui est positif à Colomiers, c'est que nous avons le calme et des structures à taille humaine tout en étant proches du Capitole» (couple, 48 ans, Colomiers, transect ouest toulousain).

L'importance de la nature

Les espaces de nature, dont ceux dédiés à l'agriculture, occupent une place centrale dans les discours des habitants. Ils participent à renforcer, en la renouvelant, la relation à l'échelle locale. Dans des territoires où le développement de l'urbanisation est un des attributs de la métropolisation, ces espaces sont mis en opposition avec la densification qui en est devenue une des caractéristiques, surtout dans les secteurs où elle vient transformer, d'une manière jugée rapide et massive, des terrains jusqu'alors non bâtis ni aménagés. De ce point de vue, dans les secteurs ouest comme nord, les banlieues ont connu et connaissent des transformations nombreuses, rapides et de grande ampleur, avec l'aménagement de ZAC sur de vastes terrains jusqu'ici agricoles ou de friches. Si ces transformations ont beaucoup marqué au nord le secteur anciennement maraîcher allant du quartier toulousain de Borderouge jusqu'à la commune de Saint-Jory, elles se retrouvent aussi à l'ouest à l'interface de Toulouse et Colomiers, dans le secteur de Saint-Martin-du-Touch et des Ramassiers par exemple. Dans une moindre mesure, elles sont aussi présentes ponctuellement sur d'anciens terrains agricoles de communes périurbaines, mais aussi dans des quartiers toulousains péricentraux où persistaient des espaces non ou peu bâtis et végétalisés – qui n'étaient pas pour autant des parcs (par exemple le secteur Paleficat au nord-est de la commune de Toulouse).

Aux questions d'identités paysagères s'agrègent ici d'autres grilles de lecture. L'une renvoie à l'enjeu écologique. Elle se décline à partir de sujets tels que l'artificialisation de sols, la préservation voire la restauration de la biodiversité, l'adaptation au changement climatique. L'alimentation en constitue une autre, plus spécialement à partir de ses relations avec l'agriculture de proximité. Une troisième grille de lecture est celle des loisirs, faisant régulièrement utiliser les espaces de nature qui fonctionnent alors comme des espaces publics[27] d'un type renouvelé.

FIGURE 6
CONSTRUCTIONS EN COURS DANS LA ZAC DE SAINT-MARTIN-DU-TOUCH, CÔTÉ RAMASSIERS, TOULOUSE

FIGURE 7

LE QUARTIER PALEFICAT, TOULOUSE

Les attentes face aux espaces de nature ne se limitent donc ni au seul jardin privé ni à la «vue sur vert», même si ces deux dimensions restent prégnantes. Les attentes face aux espaces de nature ne se limitent donc ni au seul jardin privé ni à la «vue sur vert», même si ces deux dimensions restent prégnantes. «Je suis très bien à Toulouse et j'ai besoin de campagne. Ce serait bien que Toulouse puisse rester comme ça ! Connectée avec sa campagne ! Il n'y a pas beaucoup de grandes villes qui peuvent avoir ce lien, ce serait dommage que ça disparaisse» (femme, 38 ans, Toulouse, transect ouest toulousain).

Non sans contradictions ni tensions, ces attentes traduisent «un besoin et un désir d'ancrage dans l'environnement résidentiel de proximité qui peut conduire via des chemins[28], voire des infrastructures vertes, à fréquenter des espaces plus loin dans la métropole élargie à l'espace périmétropolitain, voire au-delà, à l'échelle élargie du sud-ouest[29]». «Souvent, quand on quitte Toulouse, c'est pour amener [les enfants] le week-end du côté du Tarn, de Cadours ou de L'Isle-Jourdain. Et puis, parfois, on va aussi aider nos producteurs : autrefois c'était dans le Volvestre, et maintenant ils sont au début du Tarn, au nord de Villemur. De temps en temps, on va là-bas mettre les mains dans la terre. Et après, les Pyrénées pour la randonnée à pied, ou alors un peu de randonnée à vélo dans le piémont pyrénéen, l'Ariège ou le canal du Midi, ou le Canal latéral.

Et puis, moi, un peu plus de vélo en montagne tout seul » (homme, 40 ans, Toulouse, transect ouest toulousain).

Cinq types d'habitants

Cinq figures archétypales des manières d'habiter en territoires métropolitains et de l'envisager peuvent être distinguées pour préciser les éléments généraux jusqu'ici analysés. Elles se construisent au croisement des parcours de vie, des pratiques quotidiennes et des aspirations d'habitants situés dans les périphéries, les secteurs limitrophes et le centre métropolitain toulousain.

- L'archétype dit « proche » est celui qui correspond à la valorisation du local métropolitain. Cette figure valorise fortement les lieux habités autour du logement et s'appuie sur les qualités qu'ils rassemblent dans une proximité « relative ». Dans les discours, la référence au quartier « village », à la ville moyenne « dans la métropole » (pour Colomiers par exemple) ou au village « urbain » n'est jamais loin. Le choix résidentiel y est expliqué parce qu'il permet d'articuler des proximités et des espaces intermédiaires autant comme fonctionnalités (par exemple à travers la proximité des commerces, des écoles et des équipements publics) que comme support privilégié d'ancrage, valorisant ici plutôt des registres paysagers ou de relations sociales. Dans ce profil, la présentation des parcours résidentiels renvoie à des expressions témoignant de l'appropriation des lieux : « On souhaitait rester dans le coin », « On voulait garder nos repères ».

- Celui dit « central » correspond à la fois à la centralité urbaine et à l'individu se positionnant comme centre. Les choix résidentiels et les vécus quotidiens valorisent l'accessibilité mais mettent aussi en avant l'animation. Si ces éléments sont présents dans les discours d'habitants du centre-ville de Toulouse, on les retrouve aussi chez des personnes n'y résidant pas. C'est alors la centralité plus relative de la position individuelle qui en fournit le support : les attributs de l'accessibilité et de l'animation se déclinent sur des distances plus grandes et avec des formes plus réticulaires. Le mode d'habiter individuellement centré est moins celui, traditionnel, de la grande ville que celui correspondant à la « ville au choix » dans des métropoles d'individus[30]. Dans les deux cas, le territoire métropolitain est valorisé et donc recherché au prix de quelques arbitrages, par exemple en défaveur de la taille du logement ou de l'existence d'espaces extérieurs privés lui étant associés. Ces choix peuvent, pour certaines personnes, être d'autant plus aisés à assumer qu'ils s'accompagnent du confort résidentiel permis par la birésidentialité ou, a minima, la possibilité de ne pas voir son vécu quotidien limité à de tels logements.
- Celui dit « naturel » se construit autour de références plus complexes. Il associe en effet deux pôles

a priori en contradiction : la « ville » et la « nature ». On y retrouve des explications de choix résidentiels fondés sur la recherche, nécessairement subjective, d'un équilibre entre ces deux pôles. On quitte Paris pour Toulouse et sa proximité avec la montagne, la mer, la ruralité… On cherche dans Toulouse et son pôle urbain des localisations permettant l'accès à la Garonne, aux canaux, aux coteaux… Ces variables explicatives pèsent aussi dans l'évaluation de la qualité des lieux fréquentés ou évités, et ce, d'autant plus fortement que la « nature » constitue une référence s'inscrivant en contrepoint de la pollution, de la densité, voire de la densification. Cette qualité témoigne par ailleurs d'un continuum de préoccupations qui vont aujourd'hui, par exemple, jusqu'à l'alimentation. Comme le type précédent, celui-ci est dual, entre des choix résidentiels en faveur de logements proches de la « nature en ville » et d'autres optant pour la « ville dans la nature » à travers une localisation périurbaine. Dans les deux cas, les choix résidentiels trouvent là un ressort majeur dont témoigne par exemple le renouveau des usages des espaces publics végétalisés comme les bords de voie d'eau.

- Dans le quatrième archétype, dit « temporaire » le choix résidentiel et l'habiter sont justifiés et appréciés au regard de la possible mobilité de l'individu. Son caractère temporaire peut être de court terme, quelques mois tout au plus. C'est alors l'accès au logement, son appropriation aisée et son délaissement rapide qui sont valorisés. Les parties centrales et les banlieues des territoires métropolisés, avec leur parc privé locatif, offrent notamment dans des quartiers récents ces possibilités, fussent-elles socialement sélectives. Le logement et la ville pourraient ici être décrits comme consommés, mais ce serait ignorer que derrière cette figure on retrouve l'accélération sociale générale[31] et la moins grande linéarité des trajectoires résidentielles comme professionnelles. Le discours du « temporaire », outre celui du stagiaire et de l'étudiant, peut aussi être celui du divorcé ou du « solo » contraint pour quelques mois à l'expérience de la colocation… Soulignons par ailleurs que ce quatrième type de discours prend la mobilité pour référence. Une certaine banalisation de l'accession à la propriété, notamment périurbaine, ou les accidents de la vie peuvent être ainsi associés à un ancrage résidentiel moins définitif. L'adaptation du lieu de vie, la construction de son rapport au local, même limitées à une étape particulière du parcours, prennent alors autant d'importance que l'installation pérenne. Cet archétype apparaît centré sur un individu ou un ménage autant que sur les attributs intrinsèques de forme, de localisation, d'environnement, ce qui explique qu'on le retrouve en différents points dans les transects ouest et nord étudiés.

Cinq figures archétypales
se construisent
au croisement des parcours
de vie, des pratiques
quotidiennes et des
aspirations d'habitants
situés dans les périphéries,
les secteurs limitrophes
et le centre métropolitain
toulousain.

- L'« urbain fui », enfin, se rencontre aussi dans les discours par des allusions aux maux de la ville. Bruits, pollutions diverses, coût de la vie sont mentionnés pour expliquer la volonté de la quitter pour un environnement plus propice à la qualité de vie, en particulier pour les enfants. Exiguïté des logements, promiscuité avec le voisinage apparaissent comme des contraintes dont la fuite de la ville permet de se détacher. Surtout mentionnés à propos des parties centrales de l'espace métropolitain toulousain, ni les attributs de la centralité ni ceux de la proximité ne semblent assez puissants pour faire contrepoids. Ces discours font référence à des choix résidentiels variés. Ils expliquent l'installation dans le Gers en provenance d'une ville plus grande et après un passage à Toulouse puis par sa proche périphérie ouest. Ils expliquent aussi, dans le Nord toulousain, une installation à Fronton après avoir habité Toulouse puis Montauban. Des habitants se rappellent avoir tenu ce type de propos avant de s'éloigner de la ville puis d'y revenir. Ils ne sont pas l'apanage d'une trajectoire linéaire, ne peuvent être facilement associés à un groupe d'âge ou de revenus. Ces discours entretiennent plutôt les dynamiques périurbaines dans leur variété de formes, de densités et de modes d'habiter[32], surtout autour de l'habitat pavillonnaire. Pour ceux n'y ayant jamais eu de logement mais devant y travailler par exemple, l'urbain y est de plus décrit comme fui, ou évité pour certaines de ses caractéristiques sociales, en particulier lorsqu'elles renvoient à la moindre maîtrise de son environnement résidentiel, social, professionnel et/ou scolaire. Ces modes d'habiter traduisent des inquiétudes, des mises à distance, voire des replis générés par un besoin de réassurance dont l'environnement résidentiel, ici le local protecteur, le village[33], constitue le principal vecteur. On pourrait voir s'exprimer avec ce dernier archétype de discours des points de vue porteurs d'un repli périphérique ou loin de l'urbanité des centres ou de celle (re)valorisée dans les «quartiers» urbains et suburbains. Ce serait réducteur. Ce dernier archétype, comme les précédents, peut varier selon les lieux de vie ou pour un même individu dans le temps (selon l'âge, les aspirations et les configurations professionnelles et/ou familiales). Enfin, il ne réduit pas mécaniquement toutes les pratiques quotidiennes des individus. Il peut s'accompagner d'un rapport étroit au territoire métropolitain forgé au-delà de la sphère strictement résidentielle, dans les transports ou le travail par exemple.

Texte rédigé par **Ninon Barreau**, **Séverine Bonnin-Oliveira**, **Fabrice Escaffre**, **Lionel Rougé** et **Corinne Siino**.

---

6 Les points 1 et 3 de cette partie ont été en partie rédigés à partir des mémoires de master de Jules Gales et Louisa Bekaddour et de travaux des étudiants des promotions du master «Villes, habitat et transition écologique» de l'université Toulouse-Jean-Jaurès 2019-2020, 2020-2021 et 2021-2022.

7 Fabrice Escaffre et Marie-Christine Jaillet (dir.), *Une trajectoire métropolitaine: l'exemple de Toulouse*, Paris, Éditions Le Moniteur, 2016.

8 Jean-Marc Zuliani, «Le système industriel des hautes technologies et l'innovation: trajectoire récente», dans Fabrice Escaffre et Marie-Christine Jaillet (dir.), *Une trajectoire métropolitaine, op. cit.*, p. 131-181.

9 Entre 2014 et 2019, la ville de Toulouse a gagné 27 000 habitants, soit une augmentation de 1,14 %. Quant à Toulouse Métropole, le nombre d'habitants s'est accru de 50 000 individus (+1,29 %) sur les mêmes dates. Source: AUAT, 2022.

10 Fabrice Escaffre et Sandrine Bacconnier (dir.), «Recompositions récentes dans la périurbain toulousain», *Sud-Ouest européen*, n° 31, 2011.

11 Séverine Bonnin-Oliveira (dir.), «Les "pôles secondaires" dans la réorganisation des mobilités: maturité et durabilité des espaces périurbains?», rapport d'études MELT/MEDDE/PUCA, 2014.

12 Alain Bourdin (dir.), *La Métropole fragile*, Paris, Éditions Le Moniteur, 2015.

13 Fabrice Escaffre, «Habitat et trajectoire métropolitaine de Toulouse: affirmation, évolutions, incertitudes de l'action publique locale», *Pouvoirs locaux*, n° 112, 2018, p. 66-74.

14 Jacques Donzelot, «La ville à trois vitesses: relégation, périurbanisation, gentrification», *Esprit*, mars-avril 2004, p. 14-39.

15 Jocelyn Bourret, Fabrice Escaffre, Marie-Christine Jaillet et Anne Péré, «Les fragilités urbaines d'une métropole attractive», dans Fabrice Escaffre et Marie-Christine Jaillet (dir.), *Une trajectoire métropolitaine, op. cit.*, p. 69-103.

16 Thèse de Ninon Barreau (Lisst-CIEU), en cours depuis avril 2021, et dont l'encadré 3 présente quelques premières réalisations.

17 Alain Bourdin, *Faire centre: la nouvelle problématique des centres-villes*, La Tour-d'Aigues, Éditions de l'Aube, 2019.

18 Fabrice Escaffre et Lionel Rougé, «L'habiter en recomposition et l'habitabilité en question dans les espaces métropolitains», *Belvédère*, septembre 2022, p. 12-18.

19 Le point 2 de cette partie s'est appuyé sur le travail de Sébastien Le Corre et le mémoire de master de Jad Osman en 2020-2021.

20 Nous entendons ici par «télétravail» le travail salarié à distance grâce à une connexion informatique, mais nous élargissons la définition aux travailleurs non attachés au local d'un donneur d'ordre.

21 L'agence accueille, dans le prolongement de POPSU Métropoles Toulouse, une doctorante en Cifre du Lisst-CIEU, afin de travailler sur l'observation des modes de vie par des méthodes qualitatives depuis avril 2021.

22 AUAT, «Les enjeux de la ville à domicile», 2021; AUAT, «La consommation à domicile et ses enjeux pour les territoires», 2022; AUAT, «Le

travail à domicile et ses enjeux pour les territoires», 2022; AUAT, «Les enseignements de la ville à domicile» (à paraître).

23 Patricia Sajous, «Le télétravail: sur la voie de la banalisation? Étude à partir d'un cas de télétravail à temps complet (Soho solo, Gers) et d'un cas de télétravail à temps partiel (Safran Nacelles)», *Espaces, populations, sociétés en mouvements*, février 2019.

24 75 % déclarent vouloir continuer partiellement le télétravail après la crise; 25 % déclarent vouloir poursuivre un télétravail à temps plein.

25 Anne Aguilera et Laurent Terral, «Le télétravail réduit-il les déplacements?», *Urbanisme*, n° 419, 2020.

26 Fabrice Escaffre et Lionel Rougé, «L'habiter en recomposition et l'habitabilité en question dans les espaces métropolitains», *Belvédère*, septembre 2022, p. 12-18.

27 Au sens des travaux de Monique Poulot, Claire Aragau et Lionel Rougé, «Les espaces ouverts dans le périurbain ouest francilien: entre appropriations habitantes et constructions territoriales», *Géographie, économie, société*, n° 18, 2016, p. 89-112; et Antoine Fleury, «Quels espaces pour repenser le périurbain?», dans Laurence Costes (dir.), *Territoires du périurbain : quelles nouvelles formes d'appropriation?*, Paris, L'Harmattan, 2016, p. 99-114.

28 Samuel Balti, Anaïs Leger-Smith et Anne Péré, «Les chemins comme support de recomposition urbaine», *Belvédère*, septembre 2022, p. 21-24.

29 Fabrice Escaffre et Lionel Rougé, «L'habiter en recomposition et l'habitabilité en question dans les espaces métropolitains», *Belvédère*, septembre 2022, p. 12-18.

30 Alain Bourdin, *La Métropole des individus*, La Tour-d'Aigues, Éditions de l'Aube, 2005.

31 Harmut Rosa, *Accélération: une critique sociale du temps*, Paris, La Découverte, 2013.

32 Rodolphe Dodier, «Modes d'habiter périurbains et intégration sociale et urbaine», *EspacesTemps.net*, 6 mai 2013.

33 Éric Charmes, *La Revanche des villages: essai sur la France périurbaine*, Paris, Le Seuil, 2019.

Les espaces naturels et agricoles entre tensions et articulations métropolitaines[34]

++++

Les espaces naturels et agricoles ont longtemps été considérés comme une altérité métropolitaine parfois radicale plutôt que comme une des composantes du processus de métropolisation. Ils peinent à trouver leur place entre les analyses sur les différenciations voire les oppositions villes-campagnes et les analyses sur la métropolisation généralisée. Au-delà de leur prégnance dans les modes d'habiter, des travaux d'inspirations diverses invitent à dépasser ces analyses en raisonnant à des échelles régionales[35] ou en pensant de nouvelles alliances[36]. Pour enclencher, poursuivre ou accentuer de telles perspectives, il convient de documenter la question des espaces naturels et agricoles. L'observation de leurs représentions et de leurs usages permet de constater qu'ils participent de l'habitabilité métropolitaine. Ils ne sont pas appréhendables indépendamment des activités qui les organisent dont les articulations à la métropolisation sont multiples, de la question foncière à la question de l'alimentation. Enfin, ces espaces peuvent aussi s'incarner par des discours d'agriculteurs-habitants soucieux de leurs productions mais ayant à faire avec les transformations métropolitaines. Pour aborder ces différentes dimensions, nous avons fait le choix de mobiliser ici, dans quelques communes des deux mêmes transects étudiés, une méthodologie hybride mêlant des observations de terrain, une analyse approfondie de l'action publique sur une base documentaire et des entretiens auprès d'acteurs ainsi que de quelques exploitants agricoles.

Les espaces naturels et agricoles, une composante et une altérité métropolitaine

Le territoire de Toulouse Métropole comprend 15 % d'espaces naturels protégés et préservés[37]. Les espaces naturels, hormis ceux rassemblés dans la trame verte, y sont principalement résiduels et dispersés. Ils organisent une aération du canevas urbain et atténuent les discontinuités

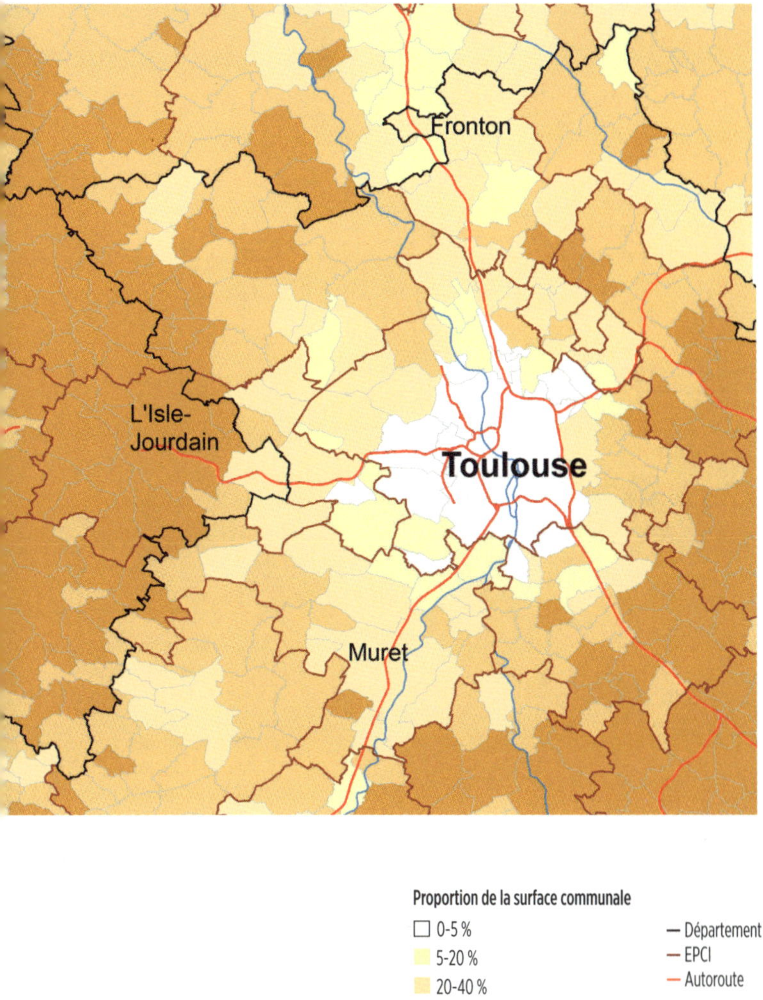

FIGURE 8

POURCENTAGE DE SURFACE COMMUNALE DÉCLARÉE EN CÉRÉALES, OLÉAGINEUX ET PROTÉAGINEUX DANS LE RECENSEMENT PARCELLAIRE (2017)

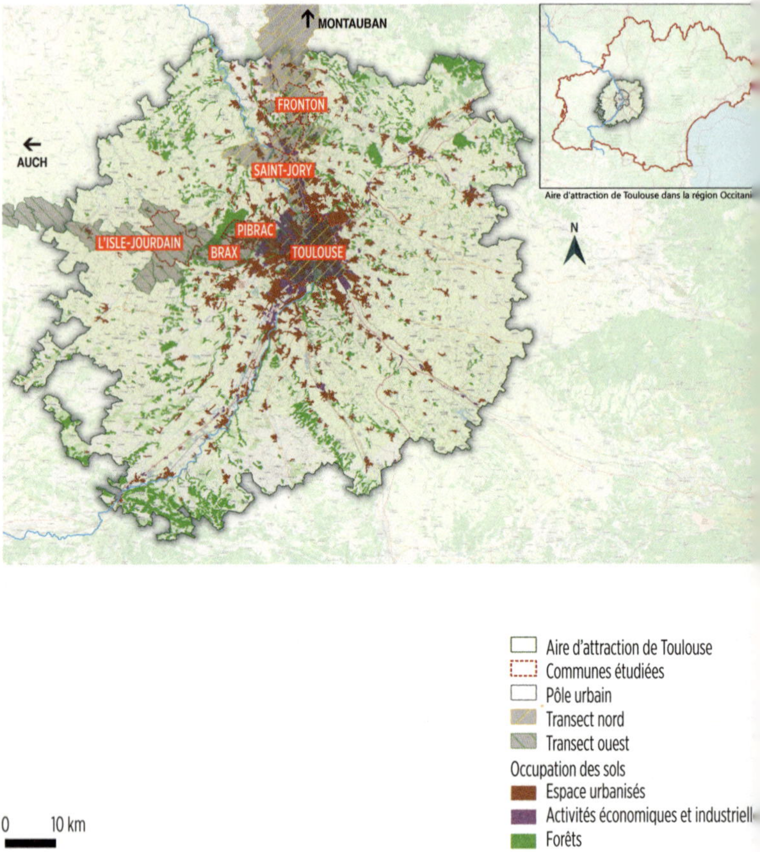

FIGURE 9

OCCUPATION DES SOLS DE L'AIRE D'ATTRACTION DE TOULOUSE

ville-campagne. Il s'agit d'espaces montrant plus de nature que de constructions dans le paysage, avec la présence d'arbres ou de végétation plus basse, à dominante ouverte, et qui offrent une sensation de calme ou de silence. Les territoires métropolitains, dans leurs différentes parties, composent avec cette mosaïque de milieux naturels – secteurs boisés, espaces ouverts, bords de voies d'eau, anciennes carrières (landes, bosquets, haies, berges, zones humides) – délaissés mais aussi très aménagés (jardins, parcs). Cette gamme d'espaces abrite des espèces végétales et animales (oiseaux, biches, sangliers) qui en font des lieux « du vivant ».

Les espaces agricoles

L'importance des espaces cultivés – 25 % du territoire de Toulouse Métropole – rappelle que celle-ci est située dans une région à forte vocation agricole, centre d'un vaste bassin de production de grandes cultures : céréales (blés), oléagineux (colza), protéagineux (soja). À l'échelle de l'aire urbaine de 2010, les recensements agricoles soulignaient une forte spécialisation sur le temps long (de 1970 à 2010) en faveur de ces exploitations en grandes cultures. Même si le nombre d'exploitations s'est beaucoup réduit, les surfaces cultivées se sont relativement maintenues, signe du fort agrandissement de la taille moyenne[38]. Pour autant, le pourtour de l'agglomération toulousaine n'est pas uniforme.

++++

L'AGRICULTURE DANS TOULOUSE MÉTROPOLE

Le périmètre de Toulouse Métropole présente une surface cultivée de plus de 11 000 hectares, soit environ un quart du territoire métropolitain. Sur ces 11 000 hectares, environ 300 sont consacrés à une activité maraîchère, et près de 340 exploitations y sont implantées[39]. 13 % de la surface agricole utile (SAU) y ont été vendus à des fins d'urbanisation entre 2006 et 2016[40]. Le niveau des prix des terres agricoles est élevé et continue de croître, rendant difficiles les installations, même s'il y a quelques disparités selon les secteurs.

++++

Au nord, certaines communes sont très marquées par le maraîchage, comme Saint-Jory, puis, en se rapprochant de Montauban, par l'arboriculture fruitière. Au sud, la zone de coteaux est marquée par la présence de l'élevage d'herbivores. L'est (notamment dans le Lauragais) et l'ouest (vers le Gers) sont bien plus dominés par les grandes cultures.

Une partie importante des surfaces est orientée vers des productions répondant à un modèle professionnel classique. Ces exploitations participent d'une agriculture inscrite dans des filières longues.

Cependant, une partie d'entre elles évoluent pour répondre à la demande récente en développant des circuits courts de proximité. Les espaces agricoles sont donc à la fois marqués par l'organisation de filières longues et par la multifonctionnalité d'une activité agricole diversifiée.

Des espaces ouverts

Les espaces naturels et agricoles en territoire toulousain partagent des caractéristiques avec les « espaces ouverts », notion apparue dans la réflexion des urbanistes anglo-saxons à la fin des années 1960[41] pour désigner une portion d'espace non bâti, privé ou public, dont la fonction principale est de répondre à des usages divers : de l'activité récréative à la protection des ressources naturelles, en passant par la contemplation paysagère, souvent réduite à un cadre qu'il faut préserver de tout aménagement inopportun.

FIGURE 10

UN ESPACE OUVERT EN ZONE PAVILLONNAIRE
CONVERTI TEMPORAIREMENT EN PÂTURAGE, TOURNEFEUILLE

FIGURE 11
JARDINS DES TAMBOURETTES (PIBRAC),
UN ESPACE NATUREL AMÉNAGÉ POUR LES LOISIRS

Les espaces ouverts s’apparentent à des « espaces publics écologiques[42] ».

On sait aussi et plus particulièrement l’« attachement des populations périurbaines à ces espaces ouverts[43] ». Au-delà d’une fonction dominante, la diversité de leurs rôles peut sembler plus floue. Ils peuvent par ailleurs s’insérer de façon relativement isolée dans la métropole, à la faveur d’une limitation de la constructibilité dans le cas des zones inondables, ou d’une rétention prolongée du foncier.

Mais ils se trouvent également là où le processus de métropolisation densifie progressivement les activités, la population, l’habitat, entre des zones de peuplement (et d’activités) formant ainsi des pans entiers plus ou moins continus et étendus qui ne correspondent pas tout à fait à la trame d’espaces ouverts qui s’est progressivement imposée comme un principe de planification.

L’altérité métropolitaine que constituent les espaces naturels et agricoles est très palpable (par la forme du bâti/non-bâti ou son caractère ouvert et végétalisé). Ces espaces et les activités les produisant répondent à des normes propres (normes de gestion, politiques d’orientation et de soutien à l’agriculture, etc.). Lieux de pratiques professionnelles pour certains, ils sont pour d’autres utilisés à des fins sportives et de loisirs, et pour d’autres encore objets de pratiques polarisées sur l’environnement.

Articuler l'activité agricole à la métropolisation

En quelques décennies, la conception des articulations entre agriculture et ville a été profondément remaniée. Plusieurs figures spatiales de ces liens sont discernables dans l'aménagement et la planification urbains : l'indifférenciation de l'espace agricole comme ressource foncière, la différenciation d'espaces agricoles à préserver, la focalisation sur des espaces ponctuels d'expérimentation, jusqu'au développement de liens interterritoriaux.

L'aménagement urbain

Dans le domaine de l'aménagement et de la planification urbains, les espaces agricoles ont été saisis à partir de plusieurs figures. La première est celle de la ressource spatiale pour étendre l'urbanisation, dans un contexte de croissance démographique soutenue[44]. Puis, la loi SRU de 2000 a dénoncé le phénomène d'étalement urbain et introduit une réflexion et des contraintes quant aux formes de l'urbanisation[45]. Une deuxième figure[46], celle de la coupure d'urbanisation, apparaît justement pour contenir et rationaliser la périurbanisation. Le SCoT de la grande agglomération toulousaine arrêté en 2010 en offre un exemple en dégageant une couronne verte à son pourtour, « mosaïque d'espaces agricoles et naturels » qui « contribueront au contrôle de la croissance de la ville et au maintien de l'équilibre entre espaces urbains et ruraux[47] ». Il faut noter que l'activité agricole aide à organiser l'urbanisation, dans l'espace, mais aussi dans le temps, en entretenant les terrains avant leur éventuelle mise en construction. La doctrine de l'« inversion du regard » dans l'urbanisme, développée par exemple dans le SCoT de Montpellier dès 2003, vise, quant à elle, à planifier la ville à partir de l'armature des espaces agricoles et naturels tout en les respectant. La démarche de planification proposée par le conseil de développement de Toulouse Métropole s'inscrit dans cette conception, en proposant une réflexion partant des bassins hydrographiques. Au tournant des années 2010, c'est la raréfaction des espaces agricoles qui est mise en avant. Le constat de forte consommation des espaces agricoles, naturels puis forestiers, est inscrit dans plusieurs lois[48] et entraîne la mise en place de dispositifs à différentes échelles pour mieux mesurer cette consommation, et la réduire[49]. Dès 2010, SCoT et PLU doivent définir des objectifs chiffrés de consommation des sols. Avec la loi climat et résilience de 2021, l'ambition est portée à « zéro artificialisation nette » en 2050[50], qui par ailleurs vise à ce que soit mieux appliquée la séquence « éviter-réduire-compenser[51] ».

À ces figures, d'autres se sont adjointes, mettant en avant les aménités métropolitaines que représentent l'espace et l'activité agricoles, dans des projets localisés, puis dans des projets plus globaux. La figure de parc agricole urbain a connu plusieurs concrétisations en Europe dès les années 1990, avant de se diffuser plus largement. Françoise Jarrige et Coline Perrin le définissent comme « un périmètre d'aménagement utilisé pour protéger des zones agricoles proches des villes, et recréer des liens entre la ville et son agriculture[52] ». Imaginé comme un espace multifonctionnel, support d'activité productive mais aussi d'accueil des populations urbaines, il marque un tournant dans la conception des liens entre espace agricole et métropole, puisqu'à côté de l'action d'aménagement il impose aux acteurs métropolitains de réfléchir aux formes mêmes d'activité agricole, à ceux qui l'exercent et aux liens qui vont se tisser entre agriculteurs et habitants ou visiteurs. Parmi d'autres actions et bien qu'en dehors des deux transects étudiés, un projet de parc agricole et naturel porté par la métropole toulousaine s'est déployé dans les années 2010 sur la commune de Pin-Balma, faisant suite à un premier projet de « grand parc urbain » envisagé à la fin des années 2000. Ce projet, s'il ne s'est pas concrétisé, a été l'occasion d'une mise en débat des formes d'agriculture souhaitées près de la ville[53]. Dans la même période, plusieurs actions ont été lancées dans plusieurs communes de la métropole pour expérimenter le déploiement d'une agriculture multifonctionnelle dans le territoire.

L'alimentation en question

À la fin des années 2010, la question du lien entre agriculture et ville a été recomposée par le prisme alimentaire[54]. En France, les projets alimentaires territoriaux (PAT), créés en 2014[55] et intégrés dans la programmation annuelle du Plan national de l'alimentation (PNA), ont fortement intéressé les intercommunalités urbaines[56]. Ils invitent à définir une politique agricole et alimentaire. Toulouse Métropole a été lauréate de l'appel d'offres du PNA de 2017 avec l'objectif de construire un PAT. Dans le même temps, Toulouse Métropole s'est engagée dans un « contrat de réciprocité ville-campagne[57] » avec le Pays Portes de Gascogne, qui comportait un axe sur l'approvisionnement alimentaire dont l'élaboration d'un PAT conjoint. En parallèle, le Marché d'intérêt national (MIN) de Toulouse, devenu le Grand Marché Toulouse Occitanie à la suite d'un fort investissement privé, a engagé plusieurs actions pour favoriser un approvisionnement de proximité (amélioration du carreau des producteurs, création d'un magasin fermier alimenté par les producteurs du Pays Portes de Gascogne…). La pandémie de Covid-19 a constitué un tournant en mettant en évidence les enjeux de sécurité alimentaire des villes et en permettant d'amplifier et de multiplier les actions grâce à de nouveaux financements nationaux. Cela se vérifie dans la métropole toulousaine, par le renforcement des services et la multiplication des projets agricoles.

++++

LE CONTRAT DE RÉCIPROCITÉ ENTRE TOULOUSE MÉTROPOLE ET LE PETR PORTES DE GASCOGNE

Les contrats de réciprocité sont des dispositifs lancés par le ministère de la Cohésion des territoires et des Relations avec les collectivités territoriales en 2015 dans le but d'articuler les destins productivo-résidentiels des villes métropolitaines et de leur hinterland. Le contrat de réciprocité qui lie Toulouse Métropole avec le pôle d'équilibre territorial et rural (PETR) Pays Portes de Gascogne, composé de 160 communes, a été signé en 2016. Celui-ci se décline sur plusieurs axes thématiques allant du développement économique à l'alimentation, en passant par le tourisme, la mobilité ou encore le soutien du télétravail. Le contrat intègre en son sein un PAT de manière à rapprocher la production et la consommation locales par un renforcement des articulations entre la métropole et les territoires agricoles du PETR. L'objectif poursuivi est de soutenir l'agriculture urbaine et périurbaine principalement à travers le marché d'intérêt national et les filières maraîchères et de restauration collective. Cette «réciprocité contractuelle[58]» est une façon de reconnaître, d'instituer et de renforcer des relations villes-campagnes préexistantes et en devenir.

++++

FIGURE 12
PARCELLE CULTIVÉE EN MILIEU PAVILLONNAIRE, COLOMIERS

L'action de Toulouse Métropole

Les évolutions récentes reposent sur un travail continu de Toulouse Métropole (élus et services) pour mieux « saisir », « se saisir » et « interagir » avec l'agriculture du territoire, en s'appuyant sur des enquêtes et des observations menées depuis 2010 et actualisées en 2019-2020 dans le cadre de ce programme.

• Saisir

Pour la métropole, il y a un enjeu de connaissance des espaces et des activités agricoles de son périmètre. Celle-ci est nécessaire pour la planification urbaine, pour mesurer la consommation d'espace agricole, hiérarchiser ces espaces (lesquels doivent être préservés ?), mais aussi pouvoir décrire cette activité auprès des élus, voire des directions. Saisir l'agriculture suppose des travaux spécifiques (Figure 14), adaptés aux préoccupations et aux actions de l'intercommunalité ; la donnée ne préexiste pas nécessairement ou n'est pas suffisamment récente pour être utilisée. C'est particulièrement le cas avec les espaces maraîchers, identifiés comme prioritaires, qui ne sont que très partiellement déclarés à la politique agricole commune (PAC), et donc n'apparaissent pas dans le recensement parcellaire graphique annuel lié à celle-ci. Mais une cartographie des surfaces ne suffit pas pour décrire l'activité ou pour comprendre les enjeux de la consommation d'espace agricole.

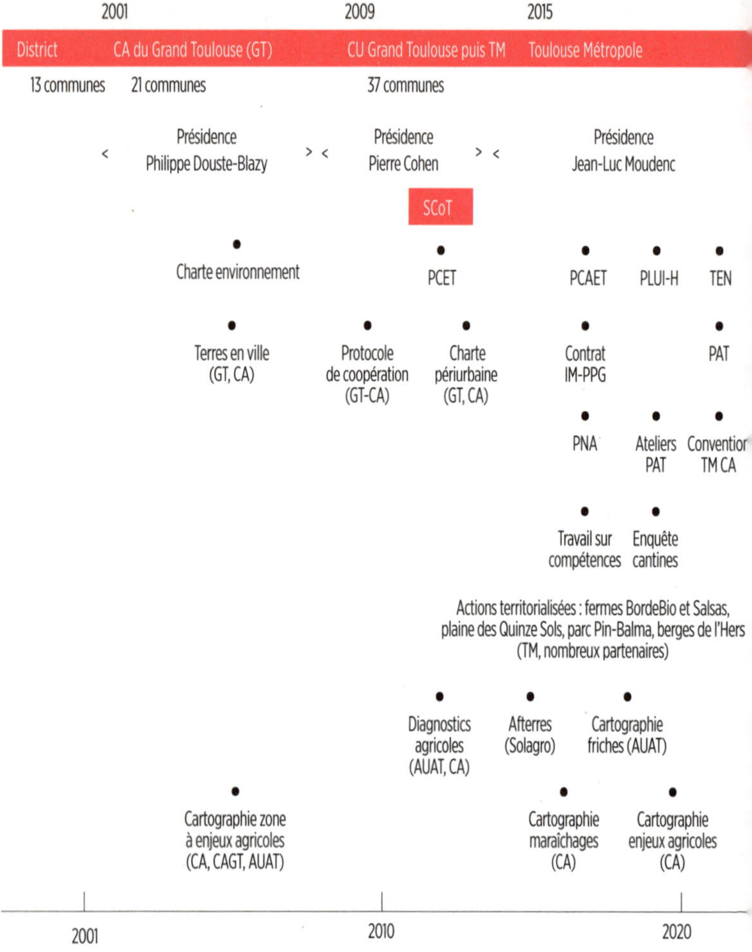

FIGURE 13

CHRONIQUE RECONSTITUÉE DES ACTIONS DE L'INTERCOMMUNALITÉ MÉTROPOLITAINE EN FAVEUR DE L'AGRICULTURE

Des diagnostics visent à compléter cette première vision par une connaissance plus fine des systèmes d'exploitation pour jauger notamment les risques qu'entraîneraient les éventuelles urbanisations. Les diagnostics ont également pour objet de décrire l'organisation du système productif, ses filières et voies de commercialisation. La transposition du scénario Afterres de Solagro à l'échelle de la métropole toulousaine en 2014 a permis, par exemple, de mieux mesurer la faible autonomie alimentaire de la métropole en légumes et fruits, et de mettre en évidence la nécessité d'approvisionnements extérieurs.

• Se saisir des sujets agricoles et alimentaires

La métropole, en 2015, s'est interrogée sur les compétences sur lesquelles appuyer son projet agricole ultérieurement dénommé « projet agricole et alimentaire métropolitain », en examinant la pratique d'autres établissements publics de coopération intercommunale (EPCI) en termes de compétences actionnées et de services porteurs de ces politiques[59]. Toulouse Métropole s'appuie sur un nombre réduit de chargés de mission de la direction en charge de l'environnement[60] aux activités transversales. Leurs sujets d'intervention touchent aussi bien aux questions foncières, d'aménagement, de santé que de développement économique même s'ils relèvent de la commission thématique en charge de l'environnement. Novateurs et transversaux, ces sujets peuvent aussi être perçus comme « fragiles » et pas forcément prioritaires ni toujours consensuels. La stratégie développée dans les années 2010 a priorisé l'adossement sur les compétences réglementaires, notamment d'aménagement, pour leur donner une reconnaissance d'autant plus forte. De ce fait, les documents obligatoires comme le plan climat-air-énergie territorial (PCAET) et le plan local d'urbanisme intercommunal (PLUI) sont vus comme des « occasions » d'asseoir le projet agricole et alimentaire métropolitain. Le PCAET 2018-2023 reprend les deux fiches action (n° 52 et 53) développées sur des territoires localisés et le PAT, tandis que le projet d'aménagement et de développement durable (PADD) du PLUI-H approuvé en 2019 (annulé depuis) consacre un de ses cinq thèmes aux espaces agricoles. Ces procédures sont aussi l'occasion de financer les cartographies des espaces agricoles et d'apporter des informations précises sur ces espaces jusque-là peu décrits. Pour autant, elles interrogent le devenir ultérieur de ces sujets. Par exemple, comment actualiser les diagnostics agricoles très vite datés ?

La préservation d'espaces et d'activités agricoles dans une métropole en forte croissance, si elle peut s'adosser à une législation de plus en plus contraignante, reste un sujet difficile (c'est d'ailleurs le scénario de consommation foncière le moins contraignant qui avait été retenu dans le PLUI-H de 2019).

La question alimentaire, devenant plus centrale, peut être porteuse de modalités renouvelées permettant d'envisager et de soutenir cette préservation en la reliant directement aux habitants.

• Interagir

Pour connaître les espaces et activités agricoles, et construire une politique agricole et alimentaire, la métropole doit interagir avec d'autres acteurs sur de nouveaux sujets. La chambre d'agriculture, qui représente officiellement les intérêts de l'agriculture auprès des collectivités territoriales, est un de ses interlocuteurs. Personne publique associée dans l'élaboration des documents de planification et d'urbanisme, la chambre d'agriculture de la Haute-Garonne s'est très tôt impliquée et dotée de compétences internes dans ce domaine[61]. Elle s'est par ailleurs fixé comme objectif de développer des partenariats avec des collectivités territoriales, et a choisi Toulouse Métropole pour expérimenter de telles collaborations dans son projet agricole départemental 2008-2013. À sa suite, les deux institutions ont élaboré conjointement une « charte d'agriculture périurbaine » (2012) qui fixe des orientations d'une politique agricole pour la métropole, même si certaines priorités peuvent différer. Par ailleurs, elle assure des prestations de services pour l'EPCI concernant les diagnostics agricoles préparatoires aux documents d'urbanisme, PLU[62] puis PLUI, mais aussi SCoT, ou encore aux projets territoriaux (par exemple diagnostic préparatoire au projet de parc agricole urbain de Pin-Balma en 2012-2013; étude agricole de la plaine des Quinze Sols en 2012). Malgré ces liens importants, Toulouse Métropole s'est appuyée sur une grande variété d'intervenants pour ses études et dans ses différents projets territoriaux: Solagro, Erable 31, Terre de liens, etc. En février 2022, la première réunion d'un conseil métropolitain de l'agriculture et l'alimentation locales a réuni plus de 150 personnes et institutions, témoignant de l'élargissement de la dynamique autour de l'agriculture et de l'alimentation dans la métropole.

Agriculteurs métropolitains : articuler productions agricoles et métropolisation du territoire

La littérature sur l'agriculture urbaine et périurbaine décrit des exploitations prises entre contraintes (foncières, de voisinage, d'accès aux ressources) et opportunités (ventes de terrains, débouchés, accompagnement des politiques territoriales)[63]. Nous avons vu combien dans la partie précédente les espaces agricoles, et plus largement les espaces de nature, comptaient au sein des modes d'habiter. Différentes pratiques d'articulation au territoire métropolitain adoptées par des exploitants agricoles vont maintenant être éclairées, montrant comment ils l'habitent, y vivent et y travaillent, en concourant de manière diversifiée, complexe et parfois tendue à son habitabilité.

Désarticulation et réarticulation foncières

Les entretiens menés en 2019 et 2020 auprès de six exploitants installés dans les transects ouest et nord toulousains font apparaître les effets de l'urbanisation sur la tenure foncière, particulièrement perceptibles dans l'histoire des exploitations à l'échelle de plusieurs générations. La relocalisation des maraîchages dans le transect nord de Toulouse, dans des communes comme Saint-Jory, au fur et à mesure de l'urbanisation, est l'un de ces effets. Comme l'explique un exploitant, un tel déplacement de maraîchage prend du temps : il estime à cinquante ans le travail d'amélioration du sol qui a été mené par sa famille, après la relocalisation de l'exploitation, initialement à Aucamville, sur une nouvelle commune dont les sols étaient moins propices aux cultures de légumes. À l'échelle de la génération, des personnes enquêtées ont évoqué des agrandissements pour leur installation ou pour préparer celle des enfants, que ce soit en céréaliculture ou en maraîchage, mais aussi des pertes de parcelles pour l'urbanisation (vente, fin de mises à disposition, etc.). Maintenir les surfaces, s'agrandir à proximité a été permis un temps par la déprise agricole (achat ou

FIGURE 14
CULTURES MARAÎCHÈRES DANS LE PARC GARONNE À GAGNAC

location de terres). Actuellement, cela semble plus difficile, comme en témoigne la concurrence quand des terres maraîchères se libèrent. «De la surface… c'est facile à trouver, mais [à condition de] partir à trente ou quarante kilomètres loin d'ici» (un agriculteur, transect ouest toulousain).

Un maraîcher installé sur une parcelle communale rappelle que la difficulté n'est pas seulement de trouver des terres mais de trouver également un logement, surtout quand celui-ci devrait idéalement permettre de rester à proximité des cultures ayant subi des vols de récolte. Ce maraîcher vit, juste avant et au moment de la récolte, dans une caravane près de ses parcelles.

Réarticulation productive et commerciale

On peut identifier deux grandes stratégies chez les agriculteurs rencontrés, qui s'expliquent par la trajectoire de l'exploitation. Une première est la spécialisation. L'exploitation est concentrée sur une ou quelques cultures, ce qui permet l'allégement du travail, notamment pour les exploitants en fin de carrière sans repreneur, et l'acquisition d'une technicité spécifique pour les autres. Cette spécialisation s'articule à des débouchés, surtout auprès de grossistes du Marché d'intérêt national (MIN) ou de centrales d'achat, permis par la qualité reconnue des produits, et la concentration des investissements sur une culture (par exemple la production toute l'année de salades grâce à la construction d'une serre).

La seconde stratégie est au contraire la diversification des productions pour la vente directe de produits maraîchers en offrant une large gamme aux consommateurs. La diversification s'étend également aux formes de commercialisation qui s'amplifient au cours du temps : plusieurs marchés de la métropole, multiplication des associations pour le maintien d'une agriculture paysanne (AMAP)… « Parce qu'avant on produisait en gros [pour la vente en grandes et moyennes surfaces], on faisait quatre hectares, et là on a réduit. Mais c'est différent, parce qu'avant on faisait quatre variétés de légumes sur des grandes surfaces maintenant on fait plein de petites surfaces et on fait cinquante variétés de légumes. Avec le principe de l'AMAP, on ne jette rien. Il n'y a pas de calibrage, on vend tout. Ça, je l'applique aussi sur les marchés de détail, je ne calibre plus rien » (un agriculteur, transect ouest toulousain).

Réarticulation sociale

La diminution du nombre d'exploitations, due à la conjonction de l'urbanisation et de la déprise, a rendu plus difficiles les démarches et investissements collectifs des agriculteurs. Deux exemples le montrent : le système d'irrigation par pompage de la Garonne au nord de Toulouse d'une association d'irrigants, financé désormais par trop peu de maraîchers ; et une coopérative d'utilisation de matériel agricole en céréaliculture, à l'ouest de Toulouse, qui prévoit de cesser son activité en raison du faible nombre d'adhérents. Les discours mettent en avant l'isolement et l'autonomie des producteurs qui n'attendent que peu d'entraide de leurs voisins. Pourtant, l'interconnaissance, voire les coups de main ou les conseils entre producteurs de communes différentes existent, suggérant sans doute plutôt la ressemblance que la proximité, souvent alliée à la concurrence foncière[64], qui favorise l'entraide.

L'urbanisation a d'autres conséquences, comme le trafic routier qui peut rendre difficile le déplacement entre parcelles avec le tracteur, mais également la livraison des produits au MIN, en raison des embouteillages. Un autre effet est la proximité de voisins qui ne sont pas originaires de la commune ni du monde agricole : « On est dans deux mondes complètement à part », dira un producteur. Diverses tensions sont évoquées (vis-à-vis du bruit et des salissures causés par les moissonneuses, craintes lors des épandages…), ainsi que des tactiques d'évitement : « Avec le pulvérisateur […] on ne sort qu'en semaine : ils sont au travail. » Plus largement, un agriculteur note que « le climat est pesant », évoquant l'« agribashing ». L'attention aux façons de produire est mise en avant, quels que soient le mode de production et le type de cultures. Pour certains, les transformations des modes de production (conversion d'un îlot près d'un nouveau lotissement en agriculture biologique, expérimentation d'un moindre emploi de produits phytosanitaires en zone vulnérable, travail du sol simplifié, semis direct…) sont reliées principalement aux exigences réglementaires et aux possibilités techniques et économiques du secteur agricole. D'autres paraissent au contraire s'inscrire dans une démarche incluant le lien aux habitants urbains. « En tant qu'agriculteur seul, on ne peut pas se faire entendre. Avec la société civile, et nous on est en partenariat, on est proches de ce que les gens veulent, on écoute ce qu'ils veulent » (un agriculteur, transect nord toulousain).

L'intensification des enjeux sociaux, écologiques, énergétiques et climatiques vont peser tant sur les exploitations agricoles que sur les territoires métropolitains. Leurs articulations futures devront se transformer encore pour permettre d'y répondre et d'inventer de nouvelles figures de la contribution de l'agriculture à l'habitabilité des métropoles.

Texte rédigé par **Isabelle Duvernoy**, **Mélanie Gambino**, **Patricia Panegos** et **Julien Weisbein**.

34 Outre les propres travaux des chercheurs qui l'ont rédigée, cette partie s'appuie sur le stage d'Emma Pascal, étudiante en Master « Villes, habitat et transition écologique » à l'Université Toulouse-Jean Jaurès et sur les travaux des étudiants des promotions 2018-2019 et 2019-2020 du parcours de Master «Risques, sciences, environnement, santé» de SciencesPo Toulouse.

35 Alberto Magnaghi, *La Biorégion urbaine: petit traité sur le territoire bien commun*, Les Lilas, Eterotopia France/Rhizome, 2014.

36 Valérie Jousseaume, *Plouc Pride: un nouveau récit pour les campagnes*, La Tour-d'Aigues, Éditions de l'Aube, 2021.

37 Source: Toulouse Métropole, PLUI-H, livret 1A, 2019, p. 20.

38 Christophe Soulard, Isabelle Duvernoy et Olivier Pauly, « Petites et grandes exploitations agricoles en région Occitanie-Pyrénées-Méditerranée: une analyse ville-campagne à partir du recensement agricole », Journées rurales « La grande exploitation : formes et contours dans un nouvel âge du capitalisme agricole et des rapports villes-campagnes », Nanterre, France, 2018. Isabelle Duvernoy et Sylvie Paradis, « Les producteurs de grandes cultures dans le périurbain toulousain: quelle insertion dans les territoires de la demande urbaine ? », *Cybergeo: European Journal of Geography* [en ligne], 27 janvier 2016.

39 Source: chambre d'agriculture et conseil de la Métropole du jeudi 13 décembre 2018, https://deliberations.toulouse.fr [en ligne].

40 Source: étude agricole PLUI-H, 2016.

41 Vincent Banos et Bruno Sabatier, « Les espaces périurbains non bâtis en France: entre publicisation "urbaine" et privatisation "rurale" ? », *Articulo - Journal of Urban Research*, hors-série n° 3, 2010.

42 Sophie Le Floch et Anne-Sophie Devanne, *D'espace public en espaces ouverts*, Bordeaux, Cemagref, 2004.

43 Monique Poulot, « Du vert dans le périurbain : les espaces ouverts, une hybridation de l'espace public (exemples franciliens) », *Espacestemps.net*, 2013.

44 De 1982 à 2004, les surfaces urbanisées en France ont augmenté de 43 %, beaucoup plus vite que la croissance démographique (AUAT, 2008). De 1979 à 2000, la surface agricole utile de l'unité urbaine de Toulouse a diminué de près de 28 % (AUAT, 2005). La surface urbanisée de l'unité urbaine de Toulouse a crû de plus de 30 % entre 1990 et 2008, avec toutefois un ralentissement de 1999 à 2008 (AUAT, 2012).

45 Philippe Pointereau et Frédéric Coulon, « Abandon et artificialisation des terres agricoles », *Courrier de l'environnement de l'INRA*, n° 57, juillet 2009, p. 109-120.

46 Pascal Thinon, Françoise Jarrige, Brigitte Nougarèdes et Gwennaëlle Pariset, « Analyse des espaces agricoles et naturels de la communauté d'agglomération de Montpellier : unités paysagères, systèmes de productions agricoles, valeurs économiques et pratiques sociales », volet agricole du diagnostic de SCoT de Montpellier Agglomération, UMR 951, Innovation, Montpellier - Agence Paysages, 2003.

47 SMEAT, « SCoT grande agglomération toulousaine », document d'orientation générale, 2010.

48 Loi n° 2010-788 du 12 juillet 2010 portant engagement national pour l'environnement et loi n° 2010-874 du 27 juillet 2010 de modernisation de l'agriculture et de la pêche. Loi n° 2014-1170 du 13 octobre 2014 d'avenir pour l'agriculture, l'alimentation et la forêt.

49 Oncea, « Panorama de la quantification de l'évolution nationale des surfaces agricoles », ministère de l'Agriculture, de l'Agroalimentaire et de la Forêt, 2014.

50 Ministère de la transition écologique et solidaire, plan « Biodiversité, tous vivants ! », 2018.

51 Introduite en droit français en 1976, puis consolidée en 2016 (loi pour la reconquête de la biodiversité), la séquence « éviter-réduire-compenser » (ERC) est une déclinaison technique et opérationnelle des engagements internationaux, communautaires ou nationaux pris par la France en matière de préservation des milieux naturels. Elle a pour objectif d'éviter les atteintes à l'environnement, de réduire celles qui n'ont pu être suffisamment évitées et, si possible, de compenser les effets notables qui n'ont pu être ni évités ni suffisamment réduits. Elle dépasse la seule prise en compte de la biodiversité, pour englober l'ensemble des thématiques de l'environnement (air, bruit, eau, sol, santé des populations, etc.).

52 Françoise Jarrige et Coline Perrin, « L'agriparc : une innovation pour l'agriculture des territoires urbains ? », *Revue d'économie régionale et urbaine*, vol. 3, 2017, p. 537-562.

53 Cf. « Notre projet de parc agricole et naturel de Pin-Balma » du collectif d'associations Ferm'en Terre, diffusé lors de la journée « Rendez-vous en plein champs », organisée à Pin-Balma par Toulouse Métropole.

54 Caroline Brand, « Modalités du retour des villes dans la gouvernance alimentaire : l'exemple de la région urbaine lyonnaise », *Revue-urbanités.fr,* 2018. Sur le plan international, voir par exemple le pacte de politique alimentaire de Milan de 2015, signé par plus de 200 villes, dont Toulouse.

55 Loi n° 2014-1170 du 13 octobre 2014 d'avenir pour l'agriculture, l'alimentation et la forêt.

56 Sur les 197 PAT recensés par RN PAT en janvier 2021, 66 sont portés par des intercommunalités urbaines ou métropoles. Source : « Les histogrammes de la banque des PA », *Rnpat.fr.*

57 Ils ont été définis par le Comité interministériel aux ruralités du 13 mars 2015, qui prévoyait une expérimentation entre quatre territoires ruraux et quatre métropoles ou communautés urbaines, dont Toulouse Métropole.

58 Martin Vanier, *Demain les territoires : capitalisme réticulaire et espace politique*, Paris, Hermann, 2015.

59 Club 21-Groupe agriculture, « Restitution du travail exploratoire sur la compétence agriculture dans les collectivités », réunion du 25 juin 2015, diaporama.

60 Deux jusqu'à fin 2020, la direction de l'environnement et du développement durable, depuis direction environnement et énergie.

61 Isabelle Duvernoy, « Le conseil agricole public dans l'aire urbaine toulousaine : entre développement sectoriel et territorial », dans Claude Compagnone, Caroline Auricoste et Bruno Lémery, *Conseil et développement en agriculture : quelles nouvelles pratiques ?*, Versailles, Educagri/Éditions Quae, 2009, p. 153-164.

62 Cf. conseil de la communauté urbaine du Grand Toulouse du 21 décembre 2009, délibération n° 2009-12-URB-03.

63 Par exemple, Shoshanah Inwood et Jeff Sharp, « Farm persistence and adaptation at the rural-urban interface: succession and farm adjustment », *Journal of Rural Studies*, n° 28, 2012, p. 107-117. Ingo Zasada, « Multifunctional peri-urban agriculture: a review of societal demands and the provision of goods and services by farming », *Land Use Policy,* n° 28, 2011, p. 639-648. Christophe-Toussaint Soulard, Coline Perrin et Élodie Valette, *Toward Sustainable Relations Between Agriculture and the City*, New York, Springer International Publishing, 2017.

64 Voir Isabelle Duvernoy et Sylvie Paradis, « Les producteurs de grandes cultures dans le périurbain toulousain », art. cité.

Une habitabilité des métropoles sous tension

++++

L'habitabilité des métropoles est sous tension, invitant à mieux mesurer et donc à pondérer les effets positifs de leur attractivité. Leurs territoires peuvent être fragilisés par la croissance caractérisant la métropolisation et ses effets sur les milieux, les paysages, mais aussi sur le peuplement ou sur les activités déjà en place qui, comme l'agriculture, ont leurs logiques propres.

Dans ce contexte, les modes d'habiter métropolitains sont construits et présentés par les habitants en relation avec de multiples lieux, territoires, etc., et pas seulement dans des logiques inhérentes au modèle centre-périphérie. Ils valorisent des « alvéoles » de proximité, mais s'envisagent en même temps à l'aune des capacités des réseaux, pas seulement de mobilité et encore moins uniquement routiers, connectant la métropole à son environnement. Ces articulations discrètes, parce qu'elles ne marquent pas autant les analyses des territoires métropolitains que celles des grandes infrastructures ou des principaux flux, s'opèrent donc pour partie à des échelles plus fines en faisant fréquemment fi des périmètres institutionnels. Elles appellent à concevoir un aménagement métropolitain accueillant pour ces nouvelles organisations des manières d'habiter et qui s'emploie à tisser des liens avec des sujets ou des registres prégnants dans les discours des habitants, comme l'alimentation, la gestion du temps, le bien-être, etc.

L'action publique métropolitaine est attendue afin que ces articulations s'opèrent, mais plusieurs des habitants rencontrés les réalisent déjà, au prix parfois d'un certain inconfort mais avec la satisfaction de l'action collective ou de la plus grande soutenabilité de son quotidien. Plusieurs des enjeux de l'habitabilité métropolitaine dépassent le seul aménagement fonctionnel et plus encore le simple embellissement des lieux pour toucher des problèmes aujourd'hui particulièrement aigus dans le contexte de changement climatique, de difficulté énergétique, mais aussi de vulnérabilité sociale accrue. Leur intégration par l'action publique est des plus urgentes et des plus délicates alors que la métropolisation se poursuit. Les transitions métropolitaines à opérer sont encore nombreuses et chaque jour plus urgentes. Elles impliqueront des changements de l'action publique et des comportements, mais aussi certainement des changements de représentations comme d'aspirations, dont certains sont déjà en germe et d'autres pas encore semés. Raison de plus pour accentuer l'analyse de l'habitabilité des métropoles et y approfondir l'observation des modes d'habiter.

Note méthodologique

Les analyses présentées dans cet ouvrage s'appuient sur des recherches principalement menées le long de deux transects d'une quarantaine de kilomètres, non seulement à l'échelle de Toulouse Métropole mais plus largement en intégrant des territoires de son altérité proche. En vue d'éclairer la question de l'habitabilité métropolitaine, ce cahier y analyse principalement les modes d'habiter et les espaces naturels et agricoles dans le contexte métropolitain toulousain. L'attention aux formes et aux usages des lieux y est privilégiée, avec en filigrane l'analyse des politiques et des réalisations récentes de la planification et de l'aménagement urbains.

Les analyses ici regroupées valorisent d'abord deux années de recherche et mettent en avant les enseignements issus de séminaires entre chercheurs ayant l'objectif de conforter des « cultures locales collectives interdisciplinaires[65] » autour de l'analyse du fait métropolitain et de la métropolisation. Ensuite, entre les printemps 2019 et 2021, plusieurs opérations de recherche ont été menées. Dans l'ensemble, des enquêtes qualitatives, fondées sur des récits recueillis par le biais d'entretiens semi-directifs, ont été privilégiées. C'est le cas, pour la partie 2, des enquêtes par entretiens semi-directifs qui ont été menées auprès de six agriculteurs de la métropole toulousaine en céréaliculture et en maraîchage, d'une trentaine d'habitants pratiquant les espaces naturels et agricoles, membres des associations locales environnementales et de loisirs, ainsi qu'avec des élus et services de mairies et d'EPCI. Pour approcher plus généralement les modes d'habiter, pratiques et valeurs que les personnes y associent, analysés dans la partie 1, plusieurs autres enquêtes ont par ailleurs été déployées durant la même période sur la base d'une trame d'entretien commune visant à préciser la trajectoire résidentielle, les pratiques et mobilités quotidiennes, le mode de vie (configuration des lieux et des liens) d'une soixantaine d'habitants. Sur les aspects relevant des recompositions des rapports au travail, deux enquêtes spécifiques par questionnaire ont été réalisées à des périodes différentes. Une première auprès d'un panel d'enquêtés (63 réponses exploitables), essentiellement télétravailleurs à domicile entre novembre 2019 et février 2020. Une seconde sur un nouveau panel d'enquêtés complémentaires (96 réponses exploitables), réalisée entre avril et juin 2021.

Offrant l'intérêt d'une analyse multisituée, la pluralité des enquêtes et des périodes introduit des biais dans la collecte des données recueillies, d'autant qu'une partie d'entre elles a dû l'être en distanciel durant les périodes de confinement. Sans nier ces biais, la redondance d'un certain nombre d'informations recueillies nous a néanmoins poussé à les traiter tout en conservant une nécessaire prudence. Ces enquêtes qualitatives ont par ailleurs été croisées avec des analyses documentaires (notamment des études et documents de planification), quelques traitements statistiques, ainsi qu'avec la remobilisation de travaux antérieurs. Enfin, deux séminaires dits « collaboratifs » ont eu lieu avec des acteurs de Toulouse Métropole et de l'Agence d'urbanisme de Toulouse Aire métropolitaine en juin et septembre 2021. Ils ont servi à démultiplier les points de vue sur les résultats d'enquête en les confrontant à ceux des techniciens présents. Au-delà, et autant que possible, tous ces travaux et échanges ont été accompagnés du travail d'étudiants en architecture, en science politique ou aménagement et urbanisme dans le cadre d'ateliers intensifs ou de stages.

65 Antoine Beyer, Jean-Alain Héraud, Frédéric Rossano et Bruno Steiner, « De la ville-port à la métropole fluviale : un portulan pour Strasbourg », Paris, Autrement, « Les cahiers POPSU », 2021, p. 79.

Bibliographie

Aguilera Anne et Terral Laurent, « Le télétravail réduit-il les déplacements ? », *Urbanisme*, n° 419, 2020.

Balti Samuel, Escaffre Fabrice et Jaillet Marie-Christine, « Toulouse : une trajectoire métropolitaine », introduction, dans Escaffre Fabrice et Jaillet Marie-Christine (dir.), *Une trajectoire métropolitaine : l'exemple de Toulouse*, Paris, Éditions Le Moniteur, 2016.

Banos Vincent et Sabatier Bruno, « Les espaces périurbains non bâtis en France : entre publicisation "urbaine" et privatisation "rurale" ? », *Articulo – Journal of Urban Research*, hors-série n° 3, 2010.

Barles Sabine et Dumont Marc, *Métabolisme et métropole : la métropole lilloise, entre mondialisation et interterritorialité*, Paris, Éditions Autrement, « Les cahiers POPSU », 2021.

Barreau Ninon (Lisst-CIEU), thèse en cours depuis avril 2021, « L'apport des méthodes qualitatives dans l'observation des modes de vie ».

Beyer Antoine, Héraud Jean-Alain, Rossano Frédéric et Steiner Bruno, « De la ville-port à la métropole fluviale : un portulan pour Strasbourg », Paris, Autrement, « Les cahiers POPSU », 2021.

Bonnin-Oliveira Séverine (dir.), « Les "pôles secondaires" dans la réorganisation des mobilités : maturité et durabilité des espaces périurbains ? », rapport d'études MELT/MEDDE/PUCA, 2014.

Bouba-Olga Olivier, « Pour un nouveau récit territorial », Paris, Éditions du PUCA, « Les conférences POPSU », 2019.

Bourdin Alain, *Faire centre : la nouvelle problématique des centres-villes*, La Tour-d'Aigues, Éditions de l'Aube, 2019.

Bourdin Alain, « Les métropoles se ressemblent-elles ? », document de travail POPSU, Popsu.archi.fr, 2017.

Bourdin Alain (dir.), *La Métropole fragile*, Paris, Éditions Le Moniteur, 2015.

Bourdin Alain, *La Métropole des individus*, La Tour-d'Aigues, Éditions de l'Aube, 2005.

Bourret Jocelyn, Escaffre Fabrice, Jaillet Marie-Christine et Péré Anne, « Les fragilités urbaines d'une métropole attractive », dans Escaffre Fabrice et Jaillet Marie-Christine (dir.), *Une trajectoire métropolitaine : l'exemple de Toulouse*, Paris, Éditions Le Moniteur, 2016, p. 69-103.

Brand Caroline, « Modalités du retour des villes dans la gouvernance alimentaire : l'exemple de la région urbaine lyonnaise », *Revue-urbanités.fr*, 2018.

Charmes Éric, *La Revanche des villages : essai sur la France périurbaine*, Paris, Le Seuil, 2019.

Club 21-Groupe agriculture, « Restitution du travail exploratoire sur la compétence agriculture dans les collectivités », réunion du 25 juin 2015, diaporama.

Delabarre Muriel et Marry Solène, « Habitabilité et nature urbaines : vers un outil d'évaluation des projets urbains », *Vertigo – La revue électronique en sciences de l'environnement*, vol. 12 n° 2, 2012.

Dodier Rodolphe, « Modes d'habiter périurbains et intégration sociale et urbaine », *EspacesTemps.net*, 6 mai 2013.

Donzelot Jacques, « La ville à trois vitesses : relégation, périurbanisation, gentrification », *Esprit*, mars-avril 2004, p. 14-39.

Duvernoy Isabelle, « Le conseil agricole public dans l'aire urbaine toulousaine : entre développement sectoriel et territorial », dans Compagnone Claude, Auricoste Caroline et Lémery Bruno, *Conseil et développement en agriculture : quelles nouvelles pratiques ?*, Versailles, Educagri/Éditions Quae, 2009, p. 153-164.

Duvernoy Isabelle et Paradis Sylvie, « Les producteurs de grandes cultures dans le périurbain toulousain : quelle insertion dans les territoires de la demande urbaine ? », *Cybergeo: European Journal of Geography* [en ligne], 27 janvier 2016.

Escaffre Fabrice, Gambino Mélanie et Haouès-Jouve Sinda, «A territorial approach to urban spaces between sustainability and liveability» in Adolphe Luc (dir.), *Integrated Urban Environment Management and Resilience*, Wiley and ISTE, p.129-176.

Escaffre Fabrice, «Prácticas de los habitantes en territorios metropolizados. Inteligencias ordinarias de lo urbano». *Bitácora Urbano Territorial*, 2020..

Escaffre Fabrice, « Habitat et trajectoire métropolitaine de Toulouse : affirmation, évolutions, incertitudes de l'action publique locale », *Pouvoirs locaux*, n° 112, 2018, p. 66-74.

Escaffre Fabrice et Jaillet Marie-Christine (dir.), *Une trajectoire métropolitaine : l'exemple de Toulouse*, Paris, Éditions Le Moniteur, 2016.

Inwood Shoshanah et Sharp Jeff, « Farm persistence and adaptation at the rural-urban interface: succession and farm adjustment », *Journal of Rural Studies*, n° 28, 2012, p. 107-117.

Jarrige Françoise et Perrin Coline, « L'agriparc : une innovation pour l'agriculture des territoires urbains ? », *Revue d'économie régionale et urbaine*, vol. 3, 2017, p. 537-562.

Jousseaume Valérie, *Plouc Pride : un nouveau récit pour les campagnes*, La Tour-d'Aigues, Éditions de l'Aube, 2021.

Le Floch Sophie et Devanne Anne-Sophie, *D'espace public en espaces ouverts*, Bordeaux, Cemagref, 2004.

Milet Hélène, Meyfroidt Aurore et Simon Eva, « Exode urbain ? Petits flux, grands effets : les mobilités résidentielles à l'ère (post-)Covid », POPSU Territoires, 2022.

Magnaghi Alberto, *La Biorégion urbaine : petit traité sur le territoire bien commun*, Les Lilas, Eterotopia France/Rhizome, 2014.

Ministère de la Transition écologique et solidaire, plan « Biodiversité, tous vivants ! », 2018.

Oncea, « Panorama de la quantification de l'évolution nationale des surfaces agricoles », ministère de l'Agriculture, de l'Agroalimentaire et de la Forêt, 2014.

Pointereau Philippe et Coulon Frédéric, « Abandon et artificialisation des terres agricoles », *Courrier de l'environnement de l'INRA*, n° 57, juillet 2009, p. 109-120.

Poulot Monique, « Du vert dans le périurbain : les espaces ouverts, une hybridation de l'espace public (exemples franciliens) », *Espacestemps.net*, 2013.

Rosa Harmut, *Accélération : une critique sociale du temps*, Paris, La Découverte, 2013.

Sajous Patricia, « Le télétravail : sur la voie de la banalisation ? Étude à partir d'un cas de télétravail à temps complet (Soho solo, Gers) et d'un cas de télétravail à temps partiel (Safran Nacelles) », *Espaces, populations, sociétés en mouvements*, février 2019.

Soulard Christophe, Duvernoy Isabelle et Pauly Olivier, « Petites et grandes exploitations agricoles en région Occitanie-Pyrénées-Méditerranée : une analyse ville-campagne à partir du recensement agricole », Journées rurales « La grande exploitation : formes et contours dans un nouvel âge du capitalisme agricole et des rapports villes-campagnes », Nanterre, France, 2018.

Soulard Christophe-Toussaint, Perrin Coline et Valette Élodie, *Toward Sustainable Relations Between Agriculture and the City*, New York, Springer International Publishing, 2017.

SMEAT, « SCoT grande agglomération toulousaine », document d'orientation générale, 2010.

Thinon Pascal, Jarrige Françoise, Nougarèdes Brigitte et Gwennaëlle Pariset, « Analyse des espaces agricoles et naturels de la communauté d'agglomération de Montpellier : unités paysagères, systèmes de productions agricoles, valeurs économiques et pratiques sociales », volet agricole du diagnostic de SCoT de Montpellier Agglomération, UMR 951, Innovation, Montpellier - Agence Paysages, 2003.

Vanier, Martin, *Demain les territoires : capitalisme réticulaire et espace politique*, Paris, Hermann, 2015.

Zasada Ingo, « Multifunctional peri-urban agriculture: a review of societal demands and the provision of goods and services by farming », *Land Use Policy*, n° 28, 2011, p. 639-648.

Biographie des auteurs

Ninon Barreau, géographe, est doctorante au centre interdisciplinaire d'études urbaines du laboratoire interdisciplinaire solidarités, sociétés, territoire (Lisst-CIEU) et en Cifre au sein de l'Agence d'urbanisme et d'aménagement de Toulouse aire métropolitaine (AUAT). Sa thèse porte sur l'observation des usages habitants mobilisant des méthodes qualitatives dans les agences d'urbanisme.

Séverine Bonnin-Oliveira, géographe, est maîtresse de conférences en aménagement de l'espace et urbanisme à l'institut d'urbanisme et d'aménagement régional d'Aix-Marseille université. Chercheuse au laboratoire interdisciplinaire environnements urbanisme (LIEU), ses recherches questionnent l'articulation entre l'évolution des modes d'habiter, les mutations territoriales et institutionnelles et la définition des politiques publiques, notamment en matière de planification et d'habitat.

Isabelle Duvernoy est chargée de recherche en géographie de l'institut national de recherche pour l'agriculture, l'alimentation et l'environnement, et membre de l'UMR AGIR. Ses recherches portent sur les transformations des formes de territorialisation de l'agriculture, notamment dans les espaces urbanisés, et sur les politiques agri-alimentaires des collectivités territoriales.

Fabrice Escaffre, géographe et animateur de POPSU Métropoles Toulouse, est professeur des universités en aménagement de l'espace et urbanisme à l'université Toulouse-Jean-Jaurès où il dirige le département de géographie-aménagement-environnement. Chercheur au centre interdisciplinaire d'études urbaines du laboratoire interdisciplinaire solidarités, sociétés, territoire (Lisst-CIEU), ses recherches portent sur les dynamiques des espaces urbains à l'interface des modes d'habiter et des politiques urbaines, en particulier dans les domaines du logement, de l'habitat et des espaces publics.

Mélanie Gambino, géographe, est maîtresse de conférences à l'université Toulouse-Jean Jaurès où elle dirige l'équipe Dynamiques rurales du laboratoire interdisciplinaire solidarités, sociétés, territoires (Lisst-Dynamiques rurales). Ses recherches portent sur l'appropriation des espaces ruraux et de l'agriculture dans les modes d'habiter contemporains, avec une attention particulière sur ceux des jeunes.

Patricia Panegos est ingénieure CNRS d'appui aux programmes de recherche du Lisst en production et analyse de données qualitatives. Elle étudie les interactions des espaces urbains et ruraux, le tourisme et le développement des territoires ruraux, l'attractivité et les pratiques habitantes de petites villes du sud-ouest.

Lionel Rougé, géographe, est maître de conférences à l'université de Toulouse-Jean Jaurès où il co-dirige le parcours « Villes, habitat et transition écologique » du master d'urbanisme et d'aménagement. Chercheur du Lisst-CIEU, ses recherches portent sur les recompositions des modes de vie pavillonnaires dans les territoires métropolisés tant urbains, périurbains que ruraux et sur les démarches d'alternatives dans l'habitat. Il copilote les ateliers « Trajectoires des espaces périurbains » et « Alternatives dans l'habitat » du Rehal (Réseau Habitat Logement).

Corinne Siino, professeure des universités en aménagement de l'espace et urbanisme, à l'université Toulouse-Jean Jaurès conduit des recherches sur les questions de l'emploi et du travail ainsi que sur les recompositions des mobilités impactées par le developpement du travail à distance. Elle est directrice de l'équipe du Lisst-CIEU.

Julien Weisbein est maître de conférences de science politique à Sciences Po Toulouse et chercheur au Laboratoire des sciences sociales du politique (LaSSP). Ses recherches portent sur les formes de politisation ordinaire dans l'action publique environnementale et sur la gouvernance territoriale.

POPSU

La collection « Les cahiers POPSU » rassemble les connaissances produites au fil des travaux de recherche-action menés dans le cadre du programme Métropoles de la Plateforme d'observation des projets et stratégies urbaines, sous la responsabilité scientifique de Marie-Christine Jaillet, directrice de recherche CNRS à l'université Toulouse-Jean-Jaurès (Lisst-CIEU) et présidente du conseil de développement de Toulouse Métropole, pour en assurer la diffusion dans les milieux de la recherche et auprès des élus, des professionnels des territoires, ainsi que du grand public. Ces travaux sont menés, dans chacune des métropoles partenaires, par un consortium de chercheurs, d'élus, de praticiens et de tiers parties prenantes, qui réalisent ensemble des recherches permettant d'éclairer les politiques publiques et les évolutions des métropoles. Il s'agit en particulier d'interroger les interdépendances entre celles-ci et d'autres territoires et d'étudier la manière dont elles engagent les transitions écologiques, sociales et démocratiques.

IDENTITÉ GRAPHIQUE

Emmanuel du Bourg

CRÉDITS

Couverture et p. 6-7 : © IGN, avec l'aimable autorisation
de reproduction d'images de l'IGN

Figure 1 : Insee et AUAT

Figures 2, 3, 4, 9 : réalisation de N. Barreau, POPSU Métropoles Toulouse

Figures 5, 6, 7, 10, 12: N. Barreau

Figure 8: RPG 2017, POPSU Métropoles Toulouse

Figures 11, 14: M. Gambino

Figure 13: I. Duvernoy

Photo panier de légumes (Mod/Us). Source : AUAT 2022, p. 37

PLATEFORME D'OBSERVATION DES PROJETS ET STRATÉGIES URBAINES

Groupement d'intérêt public l'Europe
des projets architecturaux et urbains (EPAU)
Ministère de la Transition écologique
et de la Cohésion des territoires
Plan urbanisme construction architecture Grande Arche paroi sud
92055 La Défense Cedex
+ 33 (0)1 40 81 24 37

ÉDITIONS AUTREMENT

PARTENARIATS ÉDITORIAUX
Henri Julien et Emmanuelle Rolland

ÉDITION
Virginie Maubourguet
Marion Cipriani

RELECTURE
Alice Breuil

ADAPTATION ET MISE EN PAGE
Claude-Olivier Four

FABRICATION
Chloé Brossard

Autrement, une marque des éditions Flammarion

ISBN : 978-2-0802-9141-7
N° d'édition : 546382
Dépôt légal : avril 2023
www.autrement.com
partenariats@autrement.com

Achevé d'imprimer par GPS Group en avril 2023